Fábio C. Pagotto

Clássicos do Brasil

BRASÍLIA

Copyright © 2012 Fábio C. Pagotto.
Copyright desta edição © 2013 Alaúde Editorial Ltda.

Todos os direitos reservados. Nenhuma parte deste livro poderá ser reproduzida, de forma alguma, sem a permissão formal por escrito da editora e do autor, exceto as citações incorporadas em artigos de crítica ou resenhas.

O texto deste livro foi fixado conforme o acordo ortográfico vigente no Brasil desde 1º de janeiro de 2009.

PRODUÇÃO EDITORIAL:
Editora Alaúde

PREPARAÇÃO:
Andresa Medeiros

REVISÃO:
Marina Bernard, Leandro Morita

CONSULTORIA TÉCNICA:
Bob Sharp

IMAGEM DE CAPA:
Marcelo Resende e Bira Prado

IMPRESSÃO E ACABAMENTO:
Ipsis Gráfica e Editora S/A

1ª edição, 2013

Dados Internacionais de Catalogação na Publicação (CIP)
(Câmara Brasileira do Livro, SP, Brasil)

Pagotto, C. Fábio
Brasília / Fábio C. Pagotto. São Paulo: Alaúde Editorial, 2013. (Série Clássicos do Brasil)

Bibliografia.

ISBN 978-85-7881-175-4

1. Automobilismo - História 2. Automóveis - Brasil 3. Brasília (Automóveis) 4. Brasília (Automóveis) - História I. Pagotto, Fábio C.. II. Título. III. Série.

13-00408   CDD-629.22209

Índices para catálogo sistemático:
1. Brasília: Automóveis: Tecnologia: História 629.22209

2013
Alaúde Editorial Ltda.
Rua Hildebrando Thomaz de Carvalho, 60
São Paulo, SP, 04012-120
Tel.: (11) 5572-9474 e 5579-6757
www.alaude.com.br

SUMÁRIO

CAPÍTULO 1 – A origem 5
CAPÍTULO 2 – A chegada ao Brasil 13
CAPÍTULO 3 – A evolução dos modelos 21
CAPÍTULO 4 – Nas pistas 95
CAPÍTULO 5 – Dados técnicos 103
Fontes de consulta 106
Crédito das imagens 107

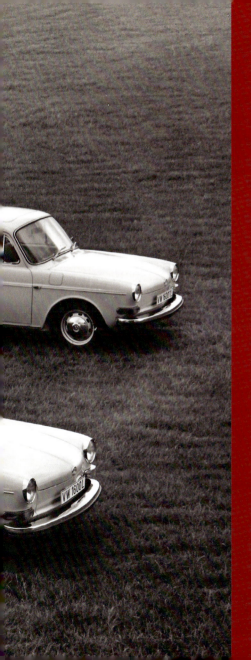

CAPÍTULO 1

A ORIGEM

A VOLKSWAGEN

Considerada uma das maiores e mais importantes indústrias automobilísticas de todos os tempos, a Volkswagen tem uma história complexa, interessante e, de certa forma, polêmica. Aqui faremos apenas uma pequena introdução, para que sejam entendidas as origens do Volkswagen Brasília.

A Volkswagen (cujo nome significa "carro do povo", em alemão) nasceu nos anos 1930. Seu filho mais ilustre é o Volkswagen Sedan, cujo primeiro protótipo foi apresentado em 1936. Décadas mais tarde, recebeu no Brasil o nome Fusca. Sua mecânica era diferente dos padrões da época, com a utilização de um simples mas robusto motor refrigerado a ar e de suspensão independente nas quatro rodas por barra de torção. Por ser considerado bastante feio e estranho, ninguém poderia prever que estava nascendo um dos maiores fenômenos de vendas da história da indústria automobilística mundial.

Desde o lançamento, o Sedan recebeu pequenas melhorias a cada ano. Sua economia, durabilidade, mecânica simples e necessidade de baixa manutenção, aliadas ao preço baixo, transformaram-no em objeto de desejo de toda a classe proletária na Alemanha, onde sempre foi um sucesso de vendas.

Somente em 1949 a Volkswagen apresentaria um novo produto, um veículo com a mesma mecânica robusta e confiável. A perua Kombi, também chamada de Tipo 2 – o Sedan era o Tipo 1 –, revelou-se um veículo utilitário com extrema

O Volkswagen Sedan foi um grande sucesso de vendas em todo o mundo. Na foto, o modelo 1951.

A origem

versatilidade para carregar passageiros e carga. Assim como o Sedan, também foi muito bem aceito no mercado, não só no alemão como no de vários outros países, principalmente no do Brasil, onde é fabricada até os dias de hoje.

Em 1955, surgiu outra novidade que abalaria o mercado alemão. Usando a mesma base mecânica do Fusca, a Volkswagen lançou um bonito e charmoso cupê esporte chamado Karmann-Ghia – o Tipo 14 –, em parceria com a fábrica de carrocerias alemã Karmann e com o estúdio de projetos italiano Ghia. O novo modelo se tornou um carro muito desejado durante as duas décadas seguintes, tanto na Europa como no resto do mundo. No Brasil sua história de sucesso ocorreu entre os anos 1962 e 1971.

Todos os veículos lançados pela Volkswagen tinham sido muito bem aceitos até então. Assim, no final dos anos 1950, a fábrica decidiu expandir sua linha de produtos com carros maiores,

Segundo sucesso da Volkswagen, a Kombi (Tipo 2).

de melhor acabamento, mais potentes e destinados a um público mais exigente, de olho também no mercado americano, cujo consumidor estava acostumado a carros maiores, mais confortáveis, potentes e luxuosos.

No final de 1959, a Volkswagen finalizou o projeto dessa nova linha de veículos, e os protótipos estavam prontos para testes em 1960. Tudo foi mantido em completo segredo, e, mesmo no Salão do Automóvel de Genebra naquele ano, a Volkswagen negou o desenvolvimento de outros modelos.

Em 1961, nascia o Tipo 3. Anunciado pela empresa como a série 1500, tinha o estilo habitual da época, ou seja, para-lamas e faróis mais altos que o capô e car-

Karmann-Ghia, muito desejado na época pelo seu belo projeto.

roceria em três volumes bem definidos: capô dianteiro, habitáculo dos passageiros e porta-malas. Inicialmente foram feitas apenas duas versões de carroceria, ambas com duas portas: o sedã de três-volumes (notchback) e a perua Variant.

No sedã, o porta-malas localizava-se na frente do carro e o motor ficava na traseira. O espaço interno e o acabamento eram mais requintados, proporcionando conforto aos passageiros e uma boa posição para dirigir. Com ótima visibilidade por causa da grande área envidraçada, o motorista conseguia enxergar os quatro cantos da carroceria. O painel de instrumentos era completo e de fácil leitura. O acabamento externo também era bem cuidado, utilizando frisos e para-choques cromados, assim como sobrecalotas nas rodas e molduras nas lanternas e no aro dos faróis.

No caso da Variant, havia um excelente espaço para bagagem, já que o modelo possuía dois porta-malas: um na frente, como no notchback, e outro sobre o motor, com acesso pela tampa traseira. A mecânica era a já tradicional Volkswagen, com motor e tração na traseira, refrigeração a ar e robustez mais que comprovada. O motor era mais forte que os modelos anteriores, com precisamente 1.493 cm³ e 44 cavalos, podendo atingir velocidade máxima em torno de 130 km/h. A distância entre eixos era a mesma do Fusca (2.400 mm), mas a carroceria era maior e media 4.340 mm.

Novas opções de motor surgiram em 1963. Com o aumento da taxa de compressão, o 1500H, por exemplo, contava com 45 cv. Mesmo com apenas 1 cv a mais que o modelo anterior, tinha torque e desempenho melhores, principalmente em relação à aceleração. Já o 1500S tinha dois carburadores e, com isso, a potência aumentou para 54 cv, o suficiente para levar o carro a uma velocidade próxima de 140 km/h. No interior, os carros ganharam alguns refinamentos, como para-sol e fechadura na porta do passageiro, bolsas nas portas e luzes de cortesia.

Em 1965, a cilindrada do motor aumentou para 1.585 cm³ – o famoso 1600 de 54 cv – e ainda houve uma melhoria no sistema de freios, que recebeu discos nas rodas dianteiras. A maior novidade,

Protótipo do Tipo 3 com motor 1500 e carroceria três-volumes.

A origem

Novos carros da Volkswagen em 1965: à direita, a perua Variant e, à esquerda, o TL com traseira estilo fastback.

porém, foi o lançamento de uma nova versão, a Touring Luxo (TL) com a carroceria estilo fastback, que lhe conferia um aspecto mais esportivo. Na mesma época, dois conversíveis na versão notchback foram apresentados, mas não chegaram a entrar em produção.

Ainda em 1965, a Volkswagen decidiu retomar a marca Audi, que andava esquecida desde o fim da Segunda Guerra Mundial, e também adquiriu ações da Auto Union, tornando-se proprietária da marca DKW. Os efeitos dessa operação também foram sentidos no Brasil, onde a Vemag – Veículos e Máquinas Agrícolas S/A – produzia a linha DKW com motores de dois tempos desde 1956. A Volkswagen adquiriu a Vemag em agosto de 1966 e, em novembro de 1967, decidiu encerrar a fabricação de todos os produtos DKW no país.

Um ano depois, a linha Tipo 3 oferecia câmbio automático como opcional, uma tentativa de agradar o exigente público americano. Já o sistema elétrico passou a ser de 12 volts, muito mais eficiente. Na parte mecânica, os freios ganharam um sistema de duplo circuito hidráulico, que garantia 50% da frenagem

A grande capacidade de carga era marca registrada da Variant.

Clássicos do Brasil

A frente desenvolvida para a linha 411 (Tipo 4).

no caso de um circuito falhar. A coluna de direção passou a ser do tipo retrátil, oferecendo maior segurança para o motorista em caso de colisão frontal. No mesmo ano deu-se início à exportação para os Estados Unidos, mas apenas da versão Variant (lá chamada de squareback) e do fastback TL.

Ao final de 1967, nascia o Tipo 3E (Einspritzung), o primeiro automóvel alemão popular de produção em série com injeção eletrônica de combustível (Bosch D-Jetronic) como equipamento padrão. Até então, a injeção era equipamento exclusivo apenas de alguns esportivos ou sedãs de alto luxo.

Em 1968, foi lançada uma linha mais evoluída, chamada Tipo 4 ou linha 411. Houve várias inovações: frente e traseira redesenhadas; carroceria maior, construída pela primeira vez como monobloco, em substituição à antiga, com carroceria sobre chassis.

As versões eram a Variant e o fastback, ambas com opções de duas ou quatro portas. Internamente, os 411 ganharam mais espaço e muito mais luxo, acima do

Linha 411, de 1968. Na foto, o modelo fastback.

A origem

habitual para o padrão de um Volkswagen. Havia uma boa oferta de opcionais, incluindo aquecimento interno, que funcionava mesmo com o motor desligado. Na mecânica, também houve importantes novidades, como embreagem de comando hidráulico e suspensão dianteira McPherson, com molas helicoidais, em substituição à antiga com barras de torção. A estabilidade melhorou e a velocidade máxima chegava a 145 km/h.

Em 1972, foi lançada a linha 412, uma evolução da linha 411, com algumas alterações de estilo, principalmente na dianteira, semelhante aos modelos brasileiros do mesmo ano. A capacidade do motor aumentou para 1.975 cm³, com potência de 85 cv, podendo atingir velocidade de até 160 km/h.

Apesar de serem bons carros, as linhas 411 e 412 não alcançaram um bom desempenho nas vendas. A Volkswagen pagava o preço por insistir no já velho e obsoleto motor refrigerado a ar. A empresa levava desvantagem também em relação à concorrência de outras montadoras europeias, que utilizavam mecânica mais moderna, ou seja, motor e tração dianteiros com refrigeração a água, com desempenho bastante superior e melhor relação de consumo de combustível. A imprensa da época tecia inúmeras críticas, alegando que a Volkswagen não enxergava os novos rumos do mundo automobilístico.

Finalmente, a Volkswagen percebeu que era um erro desconsiderar o motor refrigerado a água e mudou de foco, o que deu origem ao Volkswagen K-70 e à linha do Volkswagen Passat em 1973. O último carro da série 412 saiu da linha de montagem em 1974. Com isso, a era dos motores refrigerados a ar estava próxima do fim na Alemanha. Eles durariam mais três anos somente no Volkswagen Sedan, o nosso "besouro" Fusca, e o motor dos 412 equiparia a Kombi até 1983.

A linha 412 era formada por bons carros, mas ainda tinha a antiquada mecânica refrigerada a ar.

CAPÍTULO 2

A CHEGADA AO BRASIL

VOLKSWAGEN NO BRASIL

A história da Volkswagen no Brasil começou no início dos anos 1950, com o apoio do então presidente do Brasil Getúlio Vargas, que havia retornado ao poder pelo voto em 1951 após ser deposto do cargo em 1945. Em seu governo, Vargas pregava uma meta de industrialização do Brasil que incluía a fabricação de automóveis.

A primeira aparição de um automóvel Volkswagen no país se deu graças a uma empresa independente chamada Brasmotor, que hoje controla a Multibrás. A criação da Brasmotor se deu em um cenário favorável ao consumo. Durante a Segunda Guerra Mundial, os produtos industrializados eram escassos, formando uma demanda interna reprimida, a qual, após o conflito, transformou-se em um público ávido por exercer seu poder de consumo.

Nessa época, a grande maioria da população brasileira morava no campo, vivendo quase exclusivamente da agricultura. Como consequência, a principal fonte de renda do país era a exportação de insumos agrícolas, em especial do café e do açúcar. Já outros produtos de consumo eram quase todos importados, dado o reduzido número de indústrias no país, cuja maioria encontrava-se em São Paulo.

Enxergando no período pós-guerra uma grande oportunidade de bons negócios e um futuro promissor, um grupo de empreendedores fundou a Brasmotor; entre eles, estava Miguel Erchenique, empresário boliviano que até então atuava no mercado econômico e financeiro da cidade de São Paulo, fora empresário nos Estados Unidos e mantinha bons contatos com a Chrysler naquele país.

O objetivo da Brasmotor era importar e comercializar diversos produtos, desde eletrodomésticos até veículos motorizados. Para expor suas mercadorias, usava o salão de vendas da concessionária Sabrico, instalada no bairro paulistano do Brás.

Por causa do período de guerra, a frota de automóveis no Brasil estava consideravelmente sucateada – a maioria dos carros que rodava em nossas ruas e estradas datava das décadas de 1930 e 1940. A Brasmotor, então, decidiu investir ma-

A chegada ao Brasil

Veículos Chrysler à venda na revendedora Sabrico.

ciçamente nesse promissor mercado de quatro rodas.

Com quase 2 milhões de habitantes, São Paulo era uma cidade já industrializada e que crescia cada vez mais. Foi em uma das fábricas antigas da capital paulista que a Brasmotor construiu a primeira linha de montagem dos carros. Assim, em 1946, ficaram prontos os primeiros carros montados no Brasil, graças a um acordo realizado entre a Brasmotor e a Chrysler americana.

Os primeiros carros vieram prontos dos Estados Unidos. Depois, eles foram produzidos em sistema CKD (Completely Knocked Down, ou "completamente desmontados"). A Sabrico encarregava-se da venda, e, mais tarde, se tornaria uma das maiores revendedoras brasileiras da Volkswagen.

Visando o aumento de produção, que deveria ser equivalente à demanda do mercado, a Brasmotor, apoiada pela Chrysler, adquiriu um terreno em São Bernardo do Campo, na Grande São Paulo, em 1946.

Esse terreno daria origem ao galpão Fábrica 1, cuja inauguração ocorreu em 1949 e do qual saíram veículos como o Dodge, o DeSoto e o Plymouth, entre outros. A Brasmotor foi a primeira montadora de veículos na região do ABC, que ficaria conhecida como a "Detroit brasileira" – uma referência à cidade americana com maior concentração de indústrias do setor automotivo nos Estados Unidos –, e se transformou no maior parque industrial automobilístico do país.

ENFIM, A VOLKSWAGEN...

Nos negócios, tudo ia muito bem. Os carros eram bem-aceitos pelo mercado e davam bons lucros à Brasmotor. Contudo, houve uma reviravolta em 1950, quando a Chrysler dos Estados Unidos passou por sérias dificuldades, decorrentes de greves dos trabalhadores em Detroit, o que comprometeu seriamente as exportações para o Brasil. Assim, a produção nacional tornou-se

Primeiro Volkswagen Sedan vendido pela Sabrico.

A primeira Kombi importada pela Brasmotor funcionou como escola técnica de automóveis Chrysler e Volkswagen.

inconstante, agravada por uma política cambial instável, que ora estimulava, ora restringia as importações. Por essa razão, a Brasmotor se viu obrigada a diversificar seus negócios e, a partir daquele ano, firmou um acordo com a Volkswagen alemã para obter os direitos exclusivos de distribuição da marca no Brasil. Os primeiros veículos chegaram prontos para serem vendidos pela Brasmotor e distribuídos para todo o território brasileiro.

Em fevereiro de 1951, iniciou-se a montagem dos veículos Volkswagen no Brasil, também através do sistema CKD. Então, durante certo tempo, o Sedan e a perua Kombi dividiram a linha de montagem com os veículos da Chrysler. Era uma situação no mínimo curiosa a de testemunhar os grandes e luxuosos veículos americanos do pós-guerra dividindo a fábrica com os pequenos modelos populares europeus.

Como o consumidor brasileiro estava mais acostumado com os velhos (e alguns novos) carrões americanos, não se sabia ao certo qual seria a aceitação e a receptividade dos modelos Volkswagen por aqui. O sucesso, porém, foi imediato, e a aceitação positiva do público surpreendeu.

O casamento entre a empresa alemã e a Brasmotor durou somente até março de 1953, quando a Volkswagen resolveu vir por conta própria para o Brasil. Começava aí a bela história da Volkswagen no Brasil, que dura até os dias de hoje.

A chegada ao Brasil

A VOLKSWAGEN BRASILEIRA

O presidente da Volkswagen alemã em 1953 era Heinrich Nordhoff, responsável pela consolidação da empresa após a Segunda Guerra Mundial. Mas foi outro executivo, Friedrich Wilhelm Schultz-Wenk, quem mais incentivou a Volkswagen a se instalar no Brasil, percebendo o grande potencial de crescimento do país, decorrente, em grande parte, do plano de industrialização comandado pelo então presidente Getúlio Vargas.

Depois de algumas viagens à América do Sul, ao final de 1952, Schultz-Wenk selecionou o Brasil e a Argentina como países com potencial para abrigar uma fábrica da Volkswagen. No final, por ter mercado consumidor maior, a preferência foi pelo Brasil, decisão com a qual Nordhoff concordou.

Em 23 de março de 1953, foi fundada a Volkswagen do Brasil no bairro paulistano do Ipiranga. A unidade era responsável, no início, apenas pela montagem do Sedan 1200 e da Kombi – a Alemanha exportava os seus componentes. O Brasil tornou-se, assim, o primeiro lugar fora da Alemanha a ter uma fábrica da Volkswagen. Depois de algum tempo, a Brasmotor parou de investir na indústria automobilística e voltou sua atenção apenas para os eletrodomésticos, sendo atualmente dona de empresas como Brastemp e Consul.

Os carros da Volkswagen foram muito bem recebidos pelo mercado. O cenário era favorável para uma expansão e, em 1956, começou a ser construída uma nova fábrica em São Bernardo do Campo.

Na mesma época, Juscelino Kubitschek assumiu a presidência do Brasil, onde ficou até 1961. Foi um dos maiores responsáveis pela industrialização do país, criando o Plano Nacional de Desenvolvimento, também chamado Plano de Metas, que tinha o célebre lema "Cinquenta anos em cinco". Esse plano visava estimular a diversificação e o crescimento da economia brasileira, baseado principalmente na expansão industrial.

Pouco depois de tomar posse, Juscelino criou o Grupo Executivo da Indústria Automobilística (Geia), com poderes supraministeriais para administrar a implantação da indústria automobi-

Friedrich Wilhelm Schultz-Wenk, um dos maiores responsáveis pela chegada da Volkswagen ao Brasil.

Primeira sede da Volkswagen no bairro do Ipiranga.

Juscelino Kubitschek no dia da inauguração da fábrica da Volkswagen.

À esquerda: primeiras Kombis na linha de montagem. No centro: o modelo número 1. À direita: a fábrica em construção.

lística brasileira, e nomeou como presidente do órgão o almirante Lúcio Meira. Desde 1952, ainda no governo Vargas, Meira vinha articulando o desenvolvimento da fabricação de automóveis no Brasil.

Em 2 de setembro de 1957, ainda com a planta em construção, ficou pronto o primeiro carro Volkswagen fabricado no Brasil: a perua Kombi. Produzida com mais da metade de componentes nacionais, a Kombi era equipada com a tradicional mecânica da marca, ou seja, motor traseiro refrigerado a ar, 1.192 cm^3, 30 cv de potência, podendo atingir a velocidade máxima de 90 km/h. Curiosamente o modelo é fabricado até hoje, com poucas mudanças em relação ao seu conceito inicial. Sua trajetória é contada em outro livro desta mesma série.

Em 19 de novembro de 1959, num evento bastante divulgado pela imprensa e que reuniu figuras ilustres como Kubitschek e Nordhoff, a fábrica da Volkswagen foi inaugurada oficialmente. No começo do mesmo ano, porém, em 3 de janeiro, já havia ocorrido o principal lançamento da fábrica, o Sedan 1200, que ainda não era chamado oficialmente de Fusca. Com 54% de nacionalização, logo se tornou uma paixão nacional. O Fusca se tornaria o carro mais popular do Brasil, sendo campeão de vendas até 1982, quando o Chevrolet Chevette tirou-lhe o título.

A chegada ao Brasil

DESENVOLVIMENTO

A Volkswagen exerceu um papel fundamental no desenvolvimento do Brasil. Em 1962, havia cerca de setecentos fornecedores de peças e componentes nacionais. O parque industrial de autopeças crescia em torno das fábricas da região do ABC, para fornecer componentes necessários à fabricação dos carros.

O Fusca alcançou a liderança de vendas, com mais de 30.000 carros comercializados, e a América Latina recebeu sua primeira fundição. Para completar as novidades, a Volkswagen lançou o Karmann-Ghia, que se destacava pelo bom acabamento e pelo visual esportivo. Idêntico ao alemão, o novo carro era fabricado em sistema de parceria. Os componentes mecânicos e o chassi eram fornecidos pela Volkswagen, que também se encarregava da venda e da assistência técnica, enquanto a Karmann-Ghia responsabilizava-se pela fabricação da carroceria, pela montagem e pelo acabamento.

O valor de revenda mais alto e a facilidade de manutenção contribuíram para que os carros da Volkswagen se tornassem muito populares no país. Assim, nos anos 1960, mais da metade da frota que rodava pelo país havia sido fabricada pela unidade brasileira da empresa alemã.

A Volkswagen fazia anualmente pequenas melhorias e desenvolvimentos em sua linha de produtos. Em 1965, por exemplo, o Fusca ganhou uma versão equipada com teto solar e uma versão básica popular chamada Pé de Boi. Nenhuma delas obteve sucesso. A primeira foi rejeitada por receber no mercado o apelido pejorativo de "Cornowagen", em alusão ao teto solar, que serviria para dar espaço ao chifre do motorista traído. Como consequência, a produção foi descontinuada no ano seguinte. Já o Pé de Boi não agradou por ser um carro extremamente pobre em todos os detalhes.

Muitos mandavam fechar o teto solar e equipavam o Pé de Boi com acessórios básicos. Por conta disso, encontrar exemplares originais desses automóveis é bastante raro.

Em 1967, ocorreram algumas mudanças que valem a pena ser recordadas. O motor 1200 do Fusca foi substituído por um 1300. O aumento de potência – 38 cv em contraste com os antigos 30 cv – resultou em um melhor desempenho. No segundo semestre, o sistema elétrico de 6 V, de certa deficiência, foi trocado por um de 12 V, e tanto a Kombi como o Karmann-Ghia receberam o motor de 1.493 cm^3.

A versão popular do Volkswagen, chamada Pé de Boi, não agradou o consumidor por ser extremamente simples.

CAPÍTULO 3

A EVOLUÇÃO DOS MODELOS

NOVOS CARROS

O Brasília foi um grande sucesso comercial da Volkswagen. O carro tem importância histórica ímpar, por se tratar de um veículo feito por brasileiros e especificamente para o mercado nacional. O nome "Brasília" foi escolhido para homenagear a nossa capital federal. Embora muitos se refiram ao carro no feminino ("a" Brasília), utilizaremos o artigo masculino: o automóvel Brasília.

Com a chegada do Passat, até 1974 a mecânica de todos os carros da marca, exceto a cilindrada, era igual, com o tradicional motor de cilindros contrapostos (boxer) e refrigerado a ar.

A fabricação no Brasil, como dito anteriormente, começou com a Kombi, em 1957, e com o Fusca, em 1959, que tinham motor de 1.200 cm³. Os outros carros da linha também utilizaram a mesma base mecânica, ou seja, a suspensão com barras de torção, o conjunto de direção e até o mesmo câmbio. Apenas alguns pequenos detalhes foram modificados.

A base do motor e sua construção sempre foram as mesmas, com cilindros contrapostos e refrigeração a ar. Assim, a cilindrada dos motores 1300, 1500, 1600 e 1700 diferenciava-se uma das outras apenas pela troca dos conjuntos de cilindros, anéis e pistões. Os demais componentes principais eram os mesmos: virabrequim, bielas, bronzinas, comando de válvulas, bomba de óleo e radiador de óleo. Apenas nos motores 1600 e 1700 – para carros maiores e para o SP2, respectivamente – havia cabeçote de dupla entrada. Sobre esses motores, o 1300 equipou o Fusca a partir de 1967, e o 1500 foi utilizado no Fuscão a partir de 1970.

As páginas seguintes darão mais ênfase aos carros equipados com motor 1600, que incluem a Variant, o TL e o Volkswagen 1600 quatro-portas. Elas contam também um pouco sobre o esportivo SP2. Outros sucessos da Volkswagen, como a Kombi, o Fusca e o Karmann-Ghia, já ganharam livros próprios nesta coleção, cuja leitura recomendamos a todos, principalmente aos aficionados pela marca.

A seguir, um pouco da trajetória da fábrica no Brasil e os modelos e as versões oferecidos no mercado nacional, em uma cronologia ano a ano.

A evolução dos modelos

1968 – 1600, O ZÉ DO CAIXÃO

O ano foi marcado por um acontecimento triste para a Volkswagen: a morte de Schultz-Wenk. Ele foi um dirigente muito capaz e competente, mas tinha uma metodologia de trabalho um tanto com o novo e mais potente motor de 1.600 cm³. O carro apresentava carroceria três-volumes – porta-malas dianteiro, compartimento de passageiros e compartimento do motor traseiro – e quatro portas.

O Volkswagen 1600 quatro-portas em testes antes do lançamento.

conservadora. Após seu falecimento, a presidência da empresa foi assumida por Rudolf Leiding, um ótimo engenheiro mecânico. Extremamente exigente, Leiding impôs uma nova conduta entre os funcionários e para a própria diretoria, tornando-se um comandante temido dentro da fábrica. Não obstante, conseguiu obter uma empresa cuja produção era feita em maior escala e com melhor qualidade.

O primeiro fruto da administração de Leiding foi o 1600 quatro-portas, apresentado ao público no fim de 1968, no Salão do Automóvel. Lançado como modelo 1969, inaugurou a nova série de carros

Foi o primeiro Volkswagen brasileiro com esse tipo de carroceria, comum na concorrência da época.

O Zé do Caixão foi o primeiro carro da série 1600.

Como mencionado, o motor era praticamente igual ao 1300 que equipava o Fusca, apenas com a troca dos kits de maior diâmetro, que aumentaram a cilindrada e elevaram a potência para 50 cv. Possuía a tradicional refrigeração a ar e apenas um carburador, que lhe rendia uma velocidade máxima em torno de 135 km/h.

Mais uma vez o público brasileiro inventou um apelido irreverente para um lançamento da marca. A escolha da vez foi "Zé do Caixão", nome emprestado do personagem de filmes de terror criado e interpretado pelo brasileiro José Mojica Marins, muito popular naquele tempo, e escolhido por causa das linhas retilíneas e quadradas, e das quatro maçanetas cromadas que lembravam as alças de um caixão. Outras denominações comuns para o carro eram Volks quatro-portas e Fusca quatro-portas.

A base do 1600 brasileiro foi o Tipo 3, modelo disponível na Alemanha desde 1961 nas versões de quatro e duas portas – a última nunca chegou a ser fabricada no Brasil. Por aqui, não chegou a ser um sucesso de vendas e nunca incomodou seu principal concorrente, o Corcel. Foi bem-aceito, porém, entre os taxistas, principalmente por causa das quatro portas, que facilitavam o acesso dos passageiros ao banco traseiro, e pela robustez da mecânica. O carro oferecia ainda um bom acabamento interno e externo, além de ótima visibilidade para motorista e passageiros. Também era confortável e silencioso, já que o barulhento motor Volkswagen nesse modelo ficava "fora" do carro, e o tanque de combustível atrás do banco traseiro funcionava como uma barreira acústica para o interior do veículo.

Por ter quatro portas, o carro ganhava em conforto e foi bem-aceito entre os taxistas.

A evolução dos modelos

1969 – A CHEGADA DA VARIANT

O ano ficou marcado pelo lançamento da perua Variant, que usava o mesmo chassi do 1600 Zé do Caixão e era considerado o carro mais bonito feito pela Volkswagen até então. O nome foi herdado da matriz alemã, que usava a denominação Variant em praticamente todas as suas peruas.

O carro chegou ao mercado nacional para preencher uma lacuna deixada pela antiga DKW-Vemag Vemaguet, cuja produção tinha sido encerrada em 1967, depois de a Volkswagen ter comprado a Vemag. O Brasil ainda teve outra perua derivada de automóvel de passeio, a Simca Jangada, versão do Chambord, que no seu país de origem chamava-se Marly. A Jangada, com quatro portas, era muito luxuosa e confortável. Curiosamente, no lançamento da perua Caravan, derivada do Chevrolet Opala, a General Motors anunciou-a como "a primeira station wagon do Brasil". Era uma declaração equivocada – ou, então, esqueceram-se da Jangada e da Vemaguet.

Mais adequada ao gosto e à necessidade das famílias do consumidor brasileiro, a perua Variant só dispunha da opção de duas portas. A mecânica era a tradicional da Volkswagen com motor de 1.600 cm^3, mas com algumas diferenças. Foi o primeiro veículo da montadora com dupla carburação, com um carburador de cada lado do motor, para que ficassem instalados numa posição mais baixa em relação ao carburador do Zé do Caixão. Outra diferença era a ventoinha de refrigeração, chamada também de turbina e fixada diretamente ao virabrequim, com o intuito de baixar a altura geral do motor, conhecido como "motor de ventoinha baixa" ou "motor deitado" – posição igual a dos modelos alemães. Com o motor mais baixo, era possível haver um segundo porta-malas, na traseira.

Nova Variant, um importante lançamento da Volkswagen.

A Variant foi um grande sucesso entre as famílias brasileiras.

A dupla carburação resultou em um aumento da potência para 54 cv. A manutenção, porém, precisava estar sempre em dia, já que os carburadores, caso mal equalizados, tornavam a marcha lenta desconfortavelmente irregular, o que muitas vezes era associado ao aumento do consumo de combustível.

A capacidade de bagagem foi a maior arma publicitária da Volkswagen, já que a Variant possuía dois porta-malas: um na dianteira e outro na traseira, logo acima do motor "escondido". O texto de uma propaganda da época brincava: "A Variant tem porta-malas no lugar do motor e porta-malas no lugar do porta-malas".

Essa característica foi usada como mote do seu primeiro comercial para a tevê. No filme, o ator e comediante Rogério Cardoso (1937-2003) não conseguia encontrar o motor do carro. Era um comercial bem-humorado, que marcou o sucesso do lançamento do modelo, e sobre o qual mesmo pessoas pouco interessadas em automobilismo comentavam. O espaço para bagagem era ótimo: 640 litros, que se transformavam em 1.000 litros quando o encosto do banco traseiro era rebatido.

Ainda no ano de 1969, a Volkswagen apresentou uma versão mais luxuosa do Zé do Caixão, chamada de 1600 L. A mecânica era a mesma, mas o carro vinha

A capacidade de carga foi a maior arma publicitária explorada pela Volkswagen.

A evolução dos modelos

equipado com alguns itens diferenciados. O teto era pintado de preto; o painel contava com rádio; o estofamento era mais requintado, com encosto dianteiro reclinável; e os pneus tinham faixa branca. Esse automóvel foi fabricado em pequeno número e hoje é bastante difícil encontrar exemplares à venda.

Volkswagen 1600 L, a versão luxo do Zé do Caixão.

1970 – O TOURING LUXO E O COUPÉ

Neste ano a Volkswagen apresentou dois novos carros. O primeiro era a versão fastback do 1600, chamada de Touring Luxo (TL). Apesar de ter sido produzida na Alemanha desde 1966, chegou ao país com "cara" de modelo brasileiro.

A mecânica era idêntica à da Variant; a diferença estava na parte traseira da

Com traseira em estilo fastback, o novo TL tinha visual mais esportivo.

carroceria, inclinada, bem ao estilo em voga entre os anos 1960 e 1970. Em consequência, o espaço para bagagem era reduzido, com um pequeno porta-malas sobre o motor, somado ao dianteiro, igual ao da Variant. Além disso, a visibilidade na parte traseira era prejudicada pela inclinação do vigia e das colunas traseiras da carroceria. A nova frente do carro ganhou faróis duplos, que passaram a equipar também a Variant e o 1600 quatro-portas, melhorando a iluminação e a visibilidade noturna.

A outra novidade foi o novo Karmann-Ghia Touring Coupé, ou TC. Possuía uma bela carroceria com design inspirado no Porsche 911, um estilo ousado e esportivo, e também traseira do tipo fastback. Foi uma criação dos projetistas da Volkswagen brasileira para modernizar o modelo esportivo da Karmann-Ghia, dando-lhe mais espaço interno e para as bagagens, e melhor visibilidade, sempre com estilo e acabamento diferenciado, embora os dois modelos convi-

vessem por um tempo nas revendas. Por dentro, os instrumentos eram os mesmos do Karmann-Ghia tradicional. Sua capacidade de transporte permitia dois adultos na frente e duas crianças atrás.

Por se tratar de um esportivo, a capacidade de carga era boa, com um pequeno porta-malas na frente e uma plataforma

O novo Karmann-Ghia TC tinha visual inspirado no Porsche 911.

A evolução dos modelos

traseira, sobre o motor, como na Variant e no TL. A mecânica era tradicional, a mesma que equipava a Variant e o TL, ou seja, não se podia esperar um desempenho empolgante do tradicional motor 1600, pois sua velocidade máxima não passava de 140 km/h, acelerando de 0 a 100 km/h em 23 segundos.

O TC foi fabricado exclusivamente no Brasil e teve baixa produção. O encerramento de sua fabricação se deu em 1975, após 15.097 unidades vendidas.

Vale citar que neste ano o Fusca ganhou as maiores modificações desde seu lançamento. No quesito estética, chamavam a atenção os para-choques redesenhados, agora em uma única lâmina.

Mas a maior novidade foi o lançamento de um Fusca mais potente, equipado com o motor de 1.500 cm³ e 44 cv, logo apelidado de Fuscão, com velocidade máxima e aceleração um pouco melhores. O carro apresentava também mudanças visuais, como lanternas traseiras maiores com luz de ré acoplada, tampa do motor com entradas de ar e as mesmas calotas que equipavam a Variant. Na parte interna, o painel vinha revestido com material que imitava madeira jacarandá. O consumidor tinha, então, duas opções de Fusca: o 1300 e o 1500.

Graças a seu melhor desempenho, a bitola traseira do Fuscão foi ampliada em 62 mm, o que atenuou seu tradicional e característico sobre-esterço, a saída de traseira, nas curvas rápidas, até então um dos defeitos do Fusca. Além disso, os freios ganharam disco nas rodas dianteiras como opcionais.

Outra novidade do ano foi a adoção do motor 1600 no Karmann-Ghia antigo, o que deixou o carro um pouco mais rápi-

Em 1970, a novidade tanto para a Variant quanto para o TL foram os quatro faróis.

À esquerda, o Karmann-Ghia equipado com motor 1600 e calota de Variant. À direita, o novo Fusca com motor 1500, apelidado de Fuscão.

do, podendo atingir velocidades próximas a 140 km/h. Externamente, houve algumas mudanças, entre as quais novos para-choques e as calotas cromadas da Variant.

Nessa época, Leiding solicitou ao Departamento de Estilo da Volkswagen a criação de um esportivo que usasse o mesmo chassi da Variant e também de um veículo pequeno que fosse "maior por dentro do que por fora", como ele mesmo definiu. A partir daí, deu-se início aos estudos e aos protótipos dos novos modelos. O esportivo daria origem ao SP2; do segundo projeto, nasceria o Volkswagen Brasília. Mais detalhes da história desses dois carros serão tratados adiante.

1971 – NOVA "FRENTE BAIXA"

No segundo semestre de 1971, a Variant e o TL ganharam uma reestilização, o chamado facelift no jargão automobilístico. Receberam uma dianteira mais baixa e aerodinâmica, e de menor área frontal, com dois faróis duplos montados em moldura prateada de plástico, novos para-choques com luzes direcionais (piscas) integradas e um emblema da Volkswagen ao centro, ladeado por dois frisos horizontais. O resultado foi um visual mais moderno e reto, que logo ficaria conhecido como "frente baixa". A traseira não sofreu modificações. O novo estilo lembrava um pouco a Variant alemã da nova geração (linha 412), mas, segundo a empresa, os novos desenhos tinham sido inspirados no Audi 100, na época fabricados na Alemanha.

A maior novidade do ano foi a versão com quatro portas do TL, uma aposta da

Novidade de 1971, o TL com quatro portas, virtual substituto do Zé do Caixão.

empresa para proporcionar mais comodidade aos passageiros do banco traseiro e, quem sabe, até substituir o 1600, principalmente para o mercado de táxis. Todavia, não foi o que ocorreu. O carro não foi bem-aceito no mercado, uma vez que o brasileiro passou a preferir carros de duas portas, em grande parte por associar veículos de quatro portas a táxis e por acreditar que seria muito desvalorizado no momento da revenda.

O 1600 quatro-portas estava com as vendas em baixa. Durante o ano de 1970, apenas 7.491 unidades haviam sido vendidas. A título de comparação, no mesmo período foram vendidas 45.000 unidades da Variant e 32.264 do Corcel. Além disso, a procura pelo Zé do Caixão não estava grande em 1971, o que fez a Volkswagen tirá-lo de produção. Outro veículo que saía de cena era o velho Karmann-Ghia, que, como esperado, foi substituído pelo TC, deixando muita saudade.

O Zé do Caixão nunca foi um concorrente à altura do Corcel, e teve sua produção encerrada.

Variant com nova frente, chamada de "frente baixa", igual ao do TL.

1972 – O SP2

Em 1972, a Volkswagen surpreendeu o mercado com o lançamento do esportivo SP2, o primeiro projeto próprio desenvolvido exclusivamente por técnicos e projetistas brasileiros. A sigla SP era uma homenagem a São Paulo.

Como mencionado, tudo começara dois anos antes, quando Rudolf Leiding pedira ao Departamento de Estilo o estudo de um carro esportivo que aproveitasse o mesmo chassi da Variant. Na época, o departamento contava com profissionais jovens muito criativos e competentes, entre eles Márcio Piancastelli e José Vicente Martins, o Jota. O resultado foi um belo carro com desenho moderno e arrojado.

A primeira aparição do protótipo do SP2 ocorreu em abril de 1971 e visava observar a reação do público. Foi apresentado na Feira da Indústria Alemã, no Parque do Ibirapuera, em São Paulo. O sucesso foi estrondoso, anulando quaisquer dúvidas a respeito da viabilidade de produzi-lo em série.

As primeiras unidades, algo em torno de cem veículos, saíram com motor idêntico ao da Variant e foram chamadas de SP1. Mas em razão do fraco desempenho, essa versão foi logo substituída pela de motor de maior cilindrada, 1.700 cm^3, desenvolvido exclusivamente para o SP2.

A evolução dos modelos

O carro tinha 65 cv, sua velocidade máxima girava em torno de 160 km/h e levava 17,5 s para atingir os 100 km/h, números razoáveis para os padrões da época. Os freios eram a disco nas rodas dianteiras. Já a suspensão recalibrada para o uso de pneus radiais 185-14 conferia mais estabilidade ao carro, e as rodas eram exclusivas. Os faróis vinham com lâmpadas halógenas chamadas bi-iodo, inéditas no Brasil. O limpador de para-brisa era do tipo pantográfico e com acionamento na coluna de direção. Os para-choques eram revestidos com material plástico e as faixas laterais eram reflexivas.

Na parte interna, muitos mimos, aos quais o consumidor, principalmente de um Volkswagen, não estava muito acostumado: bancos esportivos revestidos em couro com apoio para cabeça regulável e acolchoamento na região lombar para evitar dores na coluna; rádio; ventilador; painel com conta-giros; termômetro de óleo; amperímetro e relógio. O carro ainda oferecia uma excelente ergonomia, com fácil acesso a todos os comandos e painel de instrumentos sempre visível para o motorista. Havia dois pequenos porta-malas, um na dianteira e outro na traseira; soma-

O SP2 foi um dos carros mais desejados do mercado nacional na época. Apresentava interior esportivo e painel completo.

dos, proporcionavam uma capacidade de 345 litros de bagagem, nada desprezível para um esportivo de dois lugares. Outra novidade era o cinto de segurança com três pontos.

Apesar de ser um ótimo carro e ter marcado época, o SP2 não foi um sucesso de vendas, em grande parte por causa do alto preço: ele custava mais que o Puma, seu principal concorrente. Além disso, o Puma era fabricado em compósito de plástico reforçado com fibra de vidro, bem mais leve que o SP2, de chapa de aço. O resultado era que o Puma, apesar de vir equipado com motor 1600, era mais rápido que o SP2, em especial nas acelerações e retomadas. Havia também as preparações oferecidas pela Puma, como os famosos comandos de válvula P1 e P2 e carburadores com 40 mm de diâmetro, certamente uma grande vantagem para o consumidor brasileiro sedento por desempenho e velocidade.

1973 – BRASÍLIA

Neste ano, tanto a Variant quanto o TL ganharam algumas modificações e passaram a ter duas opções de acabamento: normal e básico. Este último perdeu os frisos laterais externos.

Todos os modelos ganharam três pequenas aberturas na parte lateral traseira, próximas à janela, para melhorar a circulação mesmo com os vidros fechados. Segundo a Volkswagen, as novas saídas de ar elimina-

Em 1973, a Variant perdeu o quebra-vento da janela lateral traseira, já que a circulação de ar era facilitada pelas três aberturas na parte de trás. As lanternas traseiras ficaram maiores.

A evolução dos modelos 39

O painel Variant 1973 revestido de preto.

vam o ar viciado do interior do carro, dispensando o quebra-vento na janela lateral traseira da Variant. Os para-choques perderam a camada de borracha, ficando apenas com uma faixa central feita com fita adesiva preta. A lanterna traseira ficou maior, o que melhorava a visibilidade e a segurança. O painel, mais simples e pintado de preto, perdeu o acabamento que imitava jacarandá.

O ano de 1973 ficou marcado por um dos melhores lançamentos na história da Volkswagen, o Brasília, sucesso de vendas no Brasil durante vários anos, como veremos adiante.

1974 – PASSAT, UM VW A ÁGUA

Neste ano poucas modificações foram feitas no TL e na Variant. De novidade, apenas o volante, que mudou em toda a linha Volkswagen. O sistema de aquecimento interno passou a ser opcional, e não mais de série; as calotas cromadas foram substituídas por pequenas feitas de plástico, apenas encaixadas no centro da roda. Houve, de maneira geral, uma simplificação dos carros.

Esse tipo de calota, apelidada de "copinho", causava certa dor de cabeça para o motorista que zelava pela aparência do carro. Como podia ser facilmente arrancada com as mãos ou com um pequeno chute, os roubos eram frequentes. Para evitar esse aborrecimento, algumas fábricas de acessórios produziram uma calota semelhante, feita de metal. O equipamento era preso à roda e ao disco/tambor de freio, tornando-o impossível de ser roubado a não ser que a roda fosse retirada.

Em 1974, a Variant e o TL perderam as calotas cromadas. No lugar, entrou uma pequena calota central apelidada de "copinho".

A padronagem dos bancos era exclusiva da Variant e do TL.

O novo volante era o mesmo em toda a linha Volkswagen.

Nessa época, o Brasil, assim como o resto do mundo, enfrentava uma crise envolvendo uma alta no preço do petróleo, causada por decisões da Organização dos Países Exportadores de Petróleo (Opep). Em consequência, o brasileiro assistia a constantes aumentos no preço da gasolina nas bombas e foi obrigado a mudar seu comportamento atrás do volante. Se antes andar em alta velocidade e abusar do prazer de dirigir significavam pouca ou nenhuma preocupação com o consumo de combustível, essas atitudes passaram a ser um problema, pois cada acelerada em vão tinha reflexos diretos no bolso do motorista.

As fábricas faziam o possível para contribuir para a redução do consumo. A Volkswagen, por exemplo, instalou em toda a sua linha um acelerador de duplo estágio, recurso barato que obtinha resultados relativamente satisfatórios. O segundo estágio de acionamento do acelerador era atingido apenas quando o motorista pisava mais fundo: uma segunda mola entrava em ação a partir da metade do curso do pedal, deixando-o mais duro. Assim, era mais confortável dirigir no primeiro estágio, sem a ação da pesada mola. Por causa disso, o motor não atingia giros muito altos e economizava-se o caro combustível.

Um fato que merece destaque nos feitos da Volkswagen para 1974 foi a criação de um Fusca mais esportivo. Batizado de

A evolução dos modelos 41

1600S, também era conhecido como "Super-Fuscão" ou "Besourão". Pela primeira vez o motor 1600 equipava um Fusca, com dupla carburação e 57 cv.

Na área externa, um detalhe chamava a atenção: a tomada preta no capô traseiro para direcionar o ar para o motor. Internamente, um volante esportivo da marca Walrod. O painel de instrumentos era equipado com conta-giros à esquerda do velocímetro e, sob o painel, havia mais três mostradores: temperatura de óleo, amperímetro e relógio. A velocidade máxima era de 138 km/h, levando 16 s para atingir os 100 km/h, números bons ao se tratar de um Fusca.

Mas o acontecimento mais importante do ano foi, sem dúvida, o lançamento do Passat, o primeiro carro da Volkswagen do Brasil equipado com motor refrigerado a água, uma grande mudança de rumo para a empresa.

O Volkswagen 1600S, primeiro Fusca equipado com motor 1600, também era chamado de "Super-Fuscão".

1975 – NOVAS VARIANTS

Com o lançamento do Passat no ano anterior, todas as versões do TL deixariam de ser fabricadas. Enquanto isso, a Variant ganhou um painel totalmente redesenhado, mais parecido com o do novo Brasília, que vinha na cor preta. Ambos eram confeccionados com material macio, o que garantia mais segurança a motorista e passageiros em caso de colisões, já que na época a utilização do cinto de segurança não era obrigatória. Outra vantagem do novo painel era o espaço próprio para a colocação do ventilador elétrico opcional e do rádio, que antes era instalado debaixo do painel.

No painel, bem à frente do motorista, havia um grande espaço retangular

Painel que equipou a Variant a partir de 1975.

com três mostradores. No meio, o mostrador de maior diâmetro era o velocímetro. À esquerda ficava o indicador do nível de combustível e, à direita, o lugar reservado para um relógio, ambos de menor diâmetro.

O botão de acionamento dos faróis e o do limpador de para-brisa ganharam revestimento de borracha para evitar ferimentos em caso de colisão. A partir deste ano, atendendo a uma exigência do Conselho Nacional de Trânsito (Contran), todos os carros passaram a sair de fábrica com pisca-alerta. Na Variant, o botão foi instalado dentro do espaço retangular dos mostradores, do lado esquerdo. Sua superfície era feita de plástico vermelho translúcido, que se iluminava quando o dispositivo era ligado.

As lanternas traseiras já obedeciam às regulamentações do Contran quanto à cor: a lente do pisca deveria ter cor amarela na frente e vermelha na traseira. A luz de ré, no entanto, permaneceu branca.

O sistema de ventilação foi totalmente modificado. No lugar antes ocupado pelo rádio, na parte inferior do painel, foram instaladas duas pequenas caixas de plástico preto com saída de ar orientáveis em todos os sentidos, comandadas por duas pequenas alavancas: a da esquerda dirigia o ar para o interior ou para o para-brisa e a da direita abria e fechava o sistema. O ar captado de fora era suficiente para refrescar o interior desde que o carro estivesse em movimento, mas o comprador podia instalar o ventilador elétrico como opcional.

Na parte mecânica, a única novidade foi a utilização de um novo tipo de filtro de ar, modificação adotada em todos

os carros da Volkswagen, que passaram a usar o tipo seco, com elemento filtrante de papel. A mudança facilitava muito a manutenção, porque eliminou a necessidade de retirar todo o conjunto do filtro para troca do óleo e limpeza da manta, operação trabalhosa e que fazia certa sujeira. O novo filtro só precisava ser trocado a cada 20.000 km, o que podia ser feito sem dificuldades pelo próprio dono.

A Volkswagen decidiu equipar o Fuscão com o motor 1600 em substituição ao 1500, já que o motor de maior cilindrada

Os filtros de ar com elemento de papel: troca e manutenção mais fáceis.

O grupo ótico todo vermelho obedecia às normas do Contran.

A evolução dos modelos

havia sido muito bem-aceito no Super-Fuscão do ano anterior.

Outro fato importante foi a mudança na carroceria da Kombi, que ficou com visual mais atualizado. Conhecido como Clipper, o desenho trazia para-brisa panorâmico e mais espaço e segurança para o motorista. O motor também passou a ser o 1600, aposentando-se de vez o 1500.

Neste ano a fabricação do SP2 foi encerrada. Foram 10.193 unidades produzidas, número bem abaixo do esperado pela Volkswagen. Alguns estudos foram realizados no sentido de desenvolver uma mecânica nova e mais potente para o SP2, possivelmente com refrigeração à água igual ao Passat. A concessionária Dacon, da cidade de São Paulo, chegou a fazer o SP3, modelo que obteve ótimo resultado estilístico. O projeto teve de ser abandonado, porém, em razão dos altos custos e da crise do petróleo – naquelas condições, fabricar um carro esportivo estava fora de cogitação. Não obstante as poucas vendas na época, o SP2 hoje é um veículo bastante procurado por colecionadores, assim como o Karmann-Ghia TC, que também deixou saudade.

1977 – MAIS SEGURANÇA

Em 1976, a linha Variant não sofreu mudanças significativas. Apresentou apenas novas cores externas e padronagens de estofamento. A partir de 1977, a Variant ganhou algumas melhorias em relação à segurança, por conta de uma norma que entrou em vigor em 1º de janeiro daquele ano. A coluna de direção passou a ser

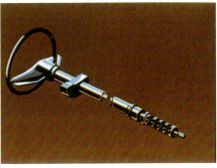

Em 1977, a Variant ganhou nova padronagem nos bancos e coluna de direção mais segura (retrátil).

Visualmente, a única diferença na Variant 1977 era o novo emblema da Volkswagen na frente, que perdeu os dois frisos laterais (bigodinhos).

retrátil, ou seja, dividida em duas partes unidas por uma cruzeta. Assim, em caso de choque frontal, absorvia o impacto e não era projetada em direção ao motorista, diminuindo o risco de lesões no tórax. Já os freios passaram a ter sistema de duplo circuito, mais seguro: se um falhasse, o outro era acionado e garantia frenagem em duas rodas, o que era suficiente para parar o carro.

Por dentro, os bancos foram redesenhados. No centro foram aplicadas faixas de veludo, além da oferta do novo acabamento monocromático, com algumas opções de cores. Por fora, as alterações foram a substituição do emblema da Volkswagen cromado por um de plástico e a eliminação dos dois frisos que o ladeavam.

1978 – VARIANT II

As vendas da Variant não andavam boas. Durante o ano de 1977, apenas 4.741 unidades foram vendidas. Já a Caravan e o Belina venderam bem mais – respectivamente 16.972 e 19.227 no mesmo período. Para fazer frente à concorrência, ainda no final de 1977, a Volkswagen apresentou um novo modelo de perua, chamado de Variant II, cuja missão era reconquistar a faixa de mercado perdida.

A nova perua sofreu importantes mudanças visuais e ficou mais parecida com o Brasília, com linhas mais retas e novas lanternas traseiras, agora embutidas. A carroceria cresceu para todos os lados, ficando com as dimensões mais próximas da Caravan. O comprimento passou de 4.318 mm para 4.326 mm, e a largura aumentou para 1.630 mm, contra os 1.580 mm da anterior. Como consequência, ficou mais pesada – seus 940 kg transformaram-se em 1.018 kg. Graças ao porte maior, ela foi logo chamada de "Variantão", apelido usado até mesmo pela imprensa especializada da época.

A evolução dos modelos

Variant II, também apelidada de "Variantão".

Os para-choques foram redesenhados e vinham com uma lâmina de aço cromada e protetores plásticos nas extremidades, chamados de polainas, que ditariam moda em vários carros nacionais nos anos seguintes. No para-choque dianteiro continuavam instaladas as luzes direcionais nas extremidades, também iguais às do Brasília.

Internamente, o espaço para os ocupantes aumentou. O luxo também, já que o carro vinha equipado com bancos revestidos de courvin, com encosto alto e reclinável na frente igual ao do Passat, além de ser todo acarpetado, inclusive no compartimento de bagagens, e em cores monocromáticas. A má notícia era que todos esses itens de luxo eram apenas opcionais.

O volante de direção foi redesenhado. O painel também era totalmente novo, com mostradores retangulares integrados num único grupo de instrumentos, que poderia vir com relógio e

Internamente, a Variant II ganhou mais espaço e luxo.

Painel da Variant II, com instrumentos retangulares, mais modernos.

conta-giros opcionais. Outros opcionais eram: rádio AM/FM, lavador de para-brisa elétrico, limpador e lavador do vidro traseiro – este último, uma novidade na Volkswagen. Como os concorrentes tinham opção de veículos básicos e de luxo, a empresa pretendia dar mais opções ao comprador, que podia comprar a Variant básica ou equipá-la para transformá-la em um veículo de luxo.

O peso maior do novo modelo obrigou a fábrica a realizar mudanças no motor. Com isso, a potência subiu para 56 cv, graças à adoção de um escapamento com duas saídas e um novo comando de válvulas. A Variant II passou a acelerar um pouco melhor que a versão antiga. A velocidade máxima aumentou ligeiramente – de 135 km/h para 138 km/h –, auxiliada pelos eficientes pneus radiais, agora itens de série, montados em exclusivas rodas de aço de 14 polegadas de diâmetro.

Todavia, a maior modificação ficou por conta da suspensão dianteira, que passou a ser do tipo McPherson com molas helicoidais, herdada do Passat. Era a primeira vez no Brasil que um veículo Volkswagen refrigerado a ar tinha suspensão com esse tipo de mola, embora o Fusca já utilizasse esse sistema na Europa e nos Estados Unidos. Na traseira, a suspensão continuava por barras de torção, mas agora era por braços arrastados, com duas juntas homocinéticas em cada semiárvore de tração, que mantinha a cambagem das rodas quase inalterada, independentemente de o carro estar vazio ou carregado, um sistema mais moderno que já era usado na perua Kombi. As bitolas foram ligeiramente aumentadas, assim como a distância entre eixos, passando para 2.495 mm. O sistema de direção também veio do Passat, mais moderno e eficiente, com caixa de pinhão e cremalheira, em substituição ao antigo sistema de setor e sem-fim.

Na prática, a Variant II deu um passo à frente em evolução técnica, mas a Volkswagen insistia na antiga arquitetura de motor traseiro refrigerado a ar em vez de criar a versão perua do moderno Passat.

Outro problema da nova versão era o preço. A Variant sempre fora a opção mais barata entre a concorrência. O preço do modelo II mostrou um aumento considerável e, como sempre, era difícil prever qual seria a aceitação do público.

A evolução dos modelos

Na parte mecânica, a maior modificação apresentada pela Variant II foi a suspensão dianteira.

Houve ainda um grave e inesperado incidente que atrapalhou os planos da marca – as primeiras unidades do carro saídas da linha de montagem apresentavam uma falha no sistema de direção. Ao atingir velocidade próxima de 100 km/h, as rodas dianteiras entravam em shimmy (oscilação lateral) e a direção trepidava com violência, a ponto de forçar o motorista a parar o carro tamanho era o susto. A origem do defeito era desconhecida, e a Volkswagen tratou de estudar o problema.

No começo de 1978, em vez de comemorar a repercussão de um lançamento e o auge das vendas da Variant II, a empresa tomou a difícil decisão de retardar a entrega do novo carro nas revendas. Isso significava que muitos consumidores compravam o carro, mas não o recebiam. Era uma situação muito difícil para os concessionários: não queriam perder a venda, mas também não sabiam informar com precisão quando o carro estaria disponível para ser retirado.

O problema mecânico só foi resolvido em fevereiro, com a normalização das entregas em março, mas muitos consumidores tinham cancelado a compra em razão da demora. A Ford e a General Motors é que agradeceram, pois herdaram os compradores desistentes da Variant II, que migraram para a Chevrolet Caravan, maior e mais confortável, ou para a nova Ford Belina, derivada do Corcel II, também moderna, atual e mais econômica.

Mesmo depois de esse episódio ter sido solucionado, as vendas não emplacaram conforme o esperado. Durante o ano, 15.458 carros foram vendidos, em comparação a 25.897 Caravan e a 30.810 Belinas II. Talvez tenha sido uma reação do público diante do alto preço da Variant II ou da presença do velho motor refrigerado a ar.

1980 – O PRINCÍPIO DO FIM

Em 1979, a Variant sofreu poucas mudanças, entre as quais se destacaram apenas novas opções de cores externas e do interior monocromático.

No ano de 1980, a Volkswagen tentou dar uma sobrevida à Variant II, promovendo algumas pequenas mudanças. Os bancos dianteiros ganharam encosto para cabeça regulável na altura e na inclinação, e as portas laterais receberam novo pino-trava, que dificultava um pouco a vida dos ladrões. Outra novidade foi o tempo-

Em 1980, a Variant II trazia poucas novidades.

rizador e lavador elétrico para para-brisa e vidro traseiro, que funcionava quando o motorista movia para baixo a alavanca do comando do limpador de para-brisa, localizada à direita na coluna de direção. Na parte mecânica, não houve novidade. Por fora, a única mudança foi a oferta de novas cores, sendo duas metálicas: cinza-grafite e azul Mônaco.

Mas era tarde. A Variant II estava sendo engolida pelos concorrentes, e a procura continuava baixa. A Volkswagen decidiu, então, tirá-la de linha no início de 1981. Com isso, a marca ficaria sem representante na categoria de peruas até a metade de 1982, quando chegou a Parati, a versão feita a partir do Gol. O caso da Variant II foi um fracasso para uma empresa acostumada com sucessos, mas é muito difícil prever o gosto do consumidor. E, afinal, erros fazem parte do crescimento.

1981 – ÚLTIMAS UNIDADES

Com a morte da Variant II em 1981, o velho motor boxer refrigerado a ar perdia terreno dentro da Volkswagen, principalmente depois do enorme sucesso do Passat. Ainda demoraria certo tempo, porém, para que esses motores saíssem definitivamente de cena.

No Brasília, resistiriam até 1982; no Fusca, até o final de sua produção em 1986. Esse tipo de motor ainda voltaria às linhas de montagem em 1993, a pedido do então presidente da República Itamar Franco, no carro que ficou conhecido como "Fusca Itamar", cuja produção durou até o fim de 1996.

Já na Kombi, o motor a ar sobreviveu por muito mais tempo, com uma importante mudança em 1997, destinada a atender às novas normas de emissão de poluentes. O motor boxer da perua ganhou injeção eletrônica multiponto e catalisador no escapamento. A potência subiu para 58 cv no motor a gasolina e para 67 cv no movido a álcool. Foi o único Volkswagen refrigerado a ar com esse tipo de alimentação feito no Brasil, embora já existisse no Fusca mexicano.

Em 2005, o único veículo no mundo que ainda usava o motor boxer refrigerado a ar era a nossa perua Kombi. No dia 23 de dezembro do mesmo ano, foi fabricada a última perua equipada com esse propulsor, ou seja, o último a ar da marca no mundo, fechando assim um ciclo de setenta anos de sucesso. A partir daquela data, a Kombi brasileira passou a ser equipada com o motor refrigerado a água EA111 de 1,4 litro, igual ao do Fox de exportação para a Europa.

O BRASÍLIA

No início da década de 1970, novos projetos foram desenvolvidos nas indústrias brasileiras. Na General Motors, o projeto 909, que se tornaria o Chevette, estava a todo vapor. Tratava-se de um carro moderno, derivado do Opel Kadett C alemão, econômico e com bom desempenho, graças ao motor com comando de válvulas no cabeçote e fluxo cruzado (que, apesar da baixa cilindrada, era ágil), além de ser confortável e ter boa visibilidade. Por causa disso, Leiding, presidente da Volkswagen, pediu ao Departamento de Estilo mais empenho e rapidez no projeto Brasília. Ele queria um carro que fosse "maior por dentro que por fora", como já dito, ou seja, um veículo pequeno por fora, mas com bom espaço interno, que se encaixasse melhor às novas necessidades do mercado brasileiro.

A Chrysler do Brasil, por sua vez, acelerou o projeto do seu carro médio, o Dodge 1800. Tratava-se, na realidade, do Hillman Avenger inglês, mas com exclusiva carroceria de duas portas, desenvolvida por engenheiros brasileiros – como vimos, os carros duas-portas eram preferência nacional.

Por fim, a Ford ainda aprimorava seu principal produto, o Corcel. Derivado do Renault R12 e herdado da Willys-Overland, trazia alguns defeitos crônicos, como as ruidosas juntas universais das semiárvores de tração e a frágil suspensão. Sanados esses defeitos, o Corcel tornou-se

A revista *Quatro Rodas* de março de 1972 marca a primeira aparição do Brasília na imprensa, quando o veículo ainda era chamado de Mini-Variant.

A evolução dos modelos

um excelente carro. Sua versão perua, a Belina, era espaçosa, com bom acabamento, silenciosa e confortável.

Na realidade o projeto do Brasília estava num estágio bem adiantado, uma vez que foi desenvolvido paralelamente ao do esportivo SP2. Dentro da empresa era conhecido apenas como Projeto 102. Durante o desenvolvimento, dezenas de desenhos foram elaborados pela equipe de Márcio Piancastelli. Foram construídas várias maquetes em escala reduzida e quatro modelos em escala real, 1:1, até que se chegasse ao modelo definitivo, aprovado pela diretoria.

O Brasília foi muito importante: ele e o SP2 foram carros projetados especificamente para o mercado nacional, feitos por engenheiros brasileiros. Por causa disso, sofreram certo preconceito de alguns profissionais da matriz alemã, que não acreditavam que o Brasil tivesse capacidade para projetar um carro completo sem o seu auxílio. Esses novos carros tiveram um desempenho muito satisfatório, fato que ajudou Leiding a ocupar a presidência do grupo Volkswagen alemão, pouco antes de o Brasília ser lançado.

As primeiras aparições do Projeto 102 na imprensa especializada ocorreram no primeiro semestre de 1972, quando o protótipo foi flagrado em testes de rodagem na Rodovia Anhanguera (SP). Era uma Variant modelo 1971, com a antiga frente alta, mas cuja traseira fora encurtada. Nessa época a imprensa não sabia qual seria o nome do novo carro e chamava-o apenas de Mini-Variant.

O intuito desses testes era estudar a capacidade de refrigeração do motor em um receptáculo menor. Nessa fase ainda não era certo qual motor seria usado no carro. As opções eram o 1500 do Fuscão ou o 1600, só que montado apenas com um carburador, o mesmo motor que fora usado no Zé do Caixão e que ainda equi-

Os primeiros testes foram realizados com uma Variant com a traseira encurtada. O intuito era verificar a refrigeração do motor num espaço menor.

Foram construídos vários modelos do Brasília em tamanho reduzido.

pava o Karmann-Ghia e o Puma, ou seja, com a turbina elevada. Esse motor ocupava menos espaço horizontal que o da Variant, com a turbina baixa, e era mais adequado ao espaço reduzido do Brasília. Mesmo assim, era um pouco mais alto, o que diminuía o espaço para bagagem. O fato de haver apenas um carburador tinha como principal vantagem a facilidade de regulagem, já que manter a dupla carburação da Variant e do TL equalizada nem sempre era uma tarefa fácil. As desvantagens eram menor potência e maior consumo de combustível.

A Volkswagen tinha pressa no lançamento do Brasília e queria apresentá-lo ao público ainda no Salão do Automóvel, que ocorreria em outubro de 1972. O motivo era a concorrência, já que a General Motors exibiria o Chevette no mesmo evento. A Chrysler já tinha anunciado a apresentação do Dodge 1800 – o carro foi feito às pressas; as primeiras unidades tinham inúmeros defeitos, que lhe renderam o apelido de "Dodge 1800 defeitos". Enquanto isso, a Ford prometia melhorias significativas no já conceituado Corcel, que corrigiriam as falhas crônicas do projeto e o tornariam um excelente produto.

Nessa época, a Volkswagen era líder absoluta de vendas no Brasil: em 1972, detinha 66,3% do mercado, o maior patamar da história até então. Mas essa liderança estava sendo ameaçada pelas novidades anunciadas pelos rivais, o que fez com que algumas revendas migrassem para a concorrência motivadas pela promessa de bons negócios.

Enquanto isso, Rudolf Leiding – já presidente da Volkswagen mundial – profetizou em uma entrevista coletiva que concedeu durante uma de suas visitas ao Brasil que a futura Mini-Variant seria um sucesso. Afirmou ainda que as outras novidades que seriam apresentadas no Salão provavelmente fariam as revendas que abandonaram a marca se arrependerem.

O projeto Brasília fazia parte da política de economia anunciada por Leiding no final de 1971, isto é, fazer novos lançamentos aproveitando os produtos já existentes. A orientação era válida tanto para o Brasil como para a Europa e tinha o intuito de atingir uma fatia maior de mercado sem a necessidade de realizar investimentos significativos.

Preparação do protótipo em escala 1:1.

A evolução dos modelos

O estilo final do Brasília ainda não era conhecido, mas já era certo que seria uma perua pequena. Mais tarde, ela se encaixaria em uma nova faixa de mercado chamada semiperua ou dois-volumes, formato que ditou o design da década de 1970. Esse tipo de carroceria apresentava algumas vantagens, como melhor aproveitamento do espaço interno (uma das principais diretrizes durante a criação do carro) e o fato de enquadrar-se na categoria de utilitários, como as caminhonetes – o resultado foi a incidência de uma alíquota menor de IPI, o imposto sobre produtos industrializados: 20% em vez dos 23% a que estavam sujeitos os automóveis de passeio. A Volkswagen conseguiu, assim, cumprir a meta de colocar o preço do Brasília num patamar entre o Fuscão e a Variant, um trunfo da empresa perante os concorrentes.

O primeiro carro no mundo a adotar o estilo semiperua foi o Morris Mini (e seu clone Austin Seven), grande sucesso de vendas lançado em 1959 na Inglaterra. Depois apareceu o Fiat 127, eleito "Carro do Ano" em 1971 na Europa; mais tarde, seria lançado no Brasil como Fiat 147, também firmando-se como um sucesso de vendas.

No fim do primeiro semestre de 1972, a imprensa especializada já publicava fotos "em segredo" do novo carro, o Brasília, já com a carroceria revelada. O protótipo apresentava a nova frente baixa da Variant, só que era mais curta e tinha um formato um pouco diferente, mas o nome usado ainda era Mini-Variant. O flagrante se deu na pista da antiga Vemag (fábrica 2 da Volkswagen) e mostrava um carro com quatro faróis na frente, para-brisa mais inclinado e lanternas traseiras que invadiam a lateral.

Primeiro protótipo em tamanho real pronto, já com o estilo final.

A imprensa e o público esperavam ansiosos pelo lançamento do Brasília no Salão do Automóvel em novembro, o que não ocorreu, aguçando ainda mais a curiosidade geral. Durante os primeiros meses de 1973, a imprensa montou um verdadeiro cerco nas proximidades da fábrica em busca das imagens que proporcionariam um grande furo de reportagem e mostrariam o novo e mais aguardado lançamento do mercado. Foi um dos segredos mais bem guardados da Volkswagen até então.

Um fato ocorrido nessa época merece registro. Em uma dessas caçadas por novidades, o editor da revista *Quatro Rodas* Nehemias Vassão e o fotógrafo Cláudio Larangeira flagraram um comboio de carros da Volkswagen na estrada velha entre São Paulo e o litoral, que era usada pelas fábricas para testar protótipos antes

Um dos primeiros Brasília a sair da linha de montagem, nascia um grande sucesso da Volkswagen.

do lançamento. Entre os carros, estavam dois Brasílias, cuja alcunha já era oficial. Na perseguição pelas imagens, alguns seguranças que estavam em uma Variant tentaram impedir o trabalho do fotógrafo. Ao cercar o Fusca dos repórteres, um dos seguranças atirou na frente do carro e, em seguida, tentou destruir a máquina fotográfica. O que era para ser uma simples foto ou até um furo de reportagem acabou se tornando um atentado, resultando em um buraco de bala na placa e outro no para-choque dianteiro do carro dos jornalistas. É provável que o agente tenha atirado apenas para assustar, e não para machucar, mas de toda forma essa atitude teve uma repercussão bastante negativa em toda a imprensa. Todo o esforço para manter o segredo foi em vão: as fotos foram salvas e publicadas na edição de maio de 1973. A primeira aparição do Brasília praticamente pronto é o registro de uma época em que jornalistas, repórteres e fotógrafos realmente corriam atrás da notícia.

1973 – O LANÇAMENTO

O aguardado lançamento do Brasília ocorreu em junho de 1973. Foi, com certeza, um dos mais importantes da fábrica até aquele momento, já que o carro fora desenvolvido por brasileiros e era destinado exclusivamente para o mercado nacional.

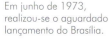
Em junho de 1973, realizou-se o aguardado lançamento do Brasília.

A evolução dos modelos

As lanternas que invadiam a lateral e a grande área envidraçada eram características do Brasília.

Os projetistas conseguiram atingir o objetivo: fazer um carro pequeno, mas com bom espaço interno. Um diretor de marketing dizia na época: "Só Deus sabe o quanto trabalhamos para lançar o Brasília no mesmo tempo do Chevette". A declaração confirma a preocupação da Volkswagen em manter a liderança de vendas no mercado nacional.

Visto de frente, o Brasília era bem parecido com a Variant, o TL e, de certa forma, com o SP2, se considerarmos os piscas embutidos no para-choque e a frente com dois faróis de cada lado, emoldurados por uma máscara cinza-prata. Com uma ligeira diferença, o capô dianteiro se abria por inteiro até a frente e, embora mais curto, possuía boa capacidade de carga. Visto pela lateral, seu estilo lembrava o Mini/AustinSeven ou outros modelos europeus, como o Renault R4 e o Fiat 127 – todos de grande sucesso na Europa.

A traseira era totalmente nova e possuía lanternas que invadiam a lateral, revelando a atenção da Volkswagen com a segurança. O carro tinha uma grande área envidraçada, ainda maior que a da

Variant, com para-brisa cerca de 20 cm mais alto e com formato mais inclinado, com grande visibilidade ao motorista. O logotipo traseiro era "VW Brasília", localizado do lado direito acima da lanterna.

As rodas não tinham calotas, apenas uma pequena calota central, apelidada de "copinho" – sobre a qual se falou anteriormente –, e contavam com aro 14 polegadas, menor que o dos outros carros da marca, exceto o SP2. Esse estilo de roda sem calota grande seria adotado em toda a linha a partir de 1974. O comprimento total era de 4.012 mm, 170 mm mais curto que o Fusca, mas com a mesma distância entre eixos dos outros carros da marca, 2.400 mm. Apesar de menor, o Brasília tinha um espaço interno bem maior que o do Fusca, para o que contribuíam o chassi e as bitolas um pouco mais largas. Esse novo chassi foi utilizado mais tarde para a fabricação do esportivo fora de série Puma modelos GTC e GTS.

O Brasília foi concebido com a proposta de ser um carro urbano. Seu tamanho pequeno facilitava as manobras e tornava o carro ágil no caótico trânsito das grandes cidades. Era uma época em que a economia de combustível passou a ser um fator decisivo na compra, pois os conflitos de 1973 no Oriente Médio deram origem à crise mundial do petróleo, e o aumento do preço da gasolina era constante. Os carros com grandes motores, de seis ou oito cilindros, tornaram-se verdadeiros micos, e os preços despencaram. O Brasília usava o famoso e robusto 1600 boxer de cilindros contrapostos e refrigerado a ar que o equiparava ao Zé do Caixão. Por ter apenas um carburador, de 30 mm, era menos potente que a Variant: 50 cv contra 54 cv. Mas, graças ao menor peso, sua velocidade máxima girava em torno de 130 km/h, e o carro acelerava de 0 a 100 km/h em 24,4 s.

Na época, surpreendeu a decisão da fábrica de adotar a turbina de refrigeração alta, de fluxo radial, em vez da baixa, fixada diretamente no virabrequim e de fluxo axial da Variant e do TL. Mas a intenção da Volkswagen era cortar custos para que o carro fosse competitivo no mercado,

A Volkswagen atingiu o objetivo de fazer um carro pequeno por fora, mas com bom espaço interno.

além de tornar o Brasília o menor e o mais curto possível, como mencionado, pois o motor da Variant, de construção plana, era mais comprido.

Os freios eram eficientes e proporcionavam parada total do carro mesmo em curtos espaços, graças à utilização de discos na dianteira; na traseira os freios eram a tambor. Já a suspensão era a tradicional da marca, independente por braços arrastados superpostos na frente e por semieixo oscilante atrás, com barras de torção.

O carro tinha mais aptidão para as ruas que para a estrada, mas a realidade da população brasileira fazia essa distinção teórica ser muito diferente na prática. Quem dirigia pelas estradas da época deve se lembrar da quantidade de Fuscas 1200 e 1300 que trafegavam por elas, assim como Gordinis e DKW-Vemags, geralmente carregados com toda a família. Da mesma forma, o Brasília também rumava para a estrada e cumpria muito bem a função de ser o único carro familiar no estilo "pau para toda obra". A bagagem podia ser acondicionada em dois porta-malas – bem menores que os da Variant, claro, mas suficientes por se tratar de um carro pequeno. Era comum até colocar um bagageiro no teto, oferecido por fábricas de acessórios.

Na parte interna, não havia muito luxo, mas o acabamento era de boa qualidade. Acomodava confortavelmente qua-

Com o sucesso do modelo, a Volkswagen teve que aprimorar a produção do Brasília para atender a demanda.

tro pessoas e até abrigava um eventual quinto passageiro se o deslocamento fosse em pequenos trechos. O painel de instrumentos vinha com três mostradores. No centro, de formato maior, ficava o velocímetro, com desenho mais moderno em relação ao que equipava os outros carros da marca havia catorze anos, com hodômetro total. Do lado direito, havia o encaixe para o relógio elétrico opcional e, à esquerda, o marcador de combustível com o desenho estilizado de uma bomba de gasolina. Abaixo, situavam-se os comandos secundários, que eram identificados por símbolos, conforme recomendações internacionais de segurança e no padrão da marca. À esquerda do volante, encontravam-se o interruptor de faróis e o botão do ventilador em duas velocidades, que também funcionava como desembaçador. À direita, ficava o afogador, o comando do limpador de para-brisa elétrico com duas velocidades e o acendedor de cigarros, ao

O painel do Brasília era simples e o volante era o comum a toda a linha Volkswagen. Já o porta-luvas vinha sem tampa.

lado do cinzeiro. Já o comando do pisca-pisca e do pisca do farol ficava no lugar habitual dos outros carros da Volkswagen, em uma alavanca na coluna do volante, do lado esquerdo.

Não havia porta-luvas com tampa, e sim um espaço para guardar pequenos objetos, além de uma bolsa na porta esquerda. Sob o painel, centralizado, encontrava-se o sistema de entrada de ar regulável. Havia também um sistema de ar quente, com saídas perto do assoalho. O extintor de incêndio ficava num local bem acessível sob o painel. Já a bomba do lavador do para-brisa ficava no assoalho e era acionada com o pé.

O volante era o mesmo que equipava os outros modelos da linha Volkswagen e destoava um pouco do desenho e da modernidade do carro. Os cintos de segurança dos bancos dianteiros eram do tipo diagonal (dois pontos), e os traseiros eram apenas subabdominais. Como opcional, o comprador podia escolher, além do citado relógio, o rádio AM/FM com toca-fitas, um luxo para a época.

CONCORRENTES

Naqueles tempos, não havia muitas opções de modelos em cada categoria. Os carros concorriam entre si quando os preços eram próximos ou quando o tamanho era parecido. Por isso, o Brasília não tinha nenhum competidor direto na categoria das miniperuas, mas sim em outros quesitos.

Quanto ao preço, o Chevette era o que mais se aproximava do Brasília. A versão básica do carro da General Motors custava 21.290 cruzeiros contra 20.830 cruzeiros do modelo da Volkswagen. O comprimento também era próximo: 4.012 mm do Brasília contra 4.125 mm do Chevette. O Chevette tinha motor quatro-cilindros, de 1.398 cm³ e que desenvolvia 60 cv. O modelo nasceu com o intuito de ganhar compradores e, em consequência, roubar a liderança de mercado do Fusca. O Brasília foi a resposta da Volkswagen ao "anti-Fusca" da General Motors, como diziam.

O novo Dodge 1800 da Chrysler era o mais próximo em tamanho (4.096 mm), mas custava mais caro e tinha motor mais

A evolução dos modelos   61

forte. O preço da versão mais simples era 23.950 cruzeiros e ela era equipada com motor de 1.799 cm³ com 78 cv de potência bruta. O Corcel também era mais caro, com preços a partir de 22.668 cruzeiros; sua versão perua, a Belina, custava 23.704 cruzeiros e concorria diretamente com a Variant, de 22.979 cruzeiros.

Até entre os modelos da própria Volkswagen havia certa concorrência. Era comum o comprador entrar numa concessionária pensando em comprar um Fuscão por 17.230 cruzeiros e sair da loja com um Brasília, que, apesar de custar um pouco mais, possuía espaço interno bem mais generoso, além de ser mais seguro e moderno.

O sucesso do Brasília no mercado foi imediato, a ponto de formar filas de espera nas revendas. Para conseguir sair com o carro no ato da compra, só mediante pagamento de ágio de cerca de 20% sobre o preço de tabela. De julho a dezembro de 1973 foram vendidos 34.312 Brasílias – a título de comparação, foram vendidas 43.316 Variant no ano inteiro; o Corcel e a Belina somaram 70.190 unidades. Já de seu concorrente mais direto, o Chevette, foram vendidas 31.324 unidades de maio a dezembro. O Brasília já nascia com vendas melhores que as do Chevette. O Fusca continuava na posição de carro mais vendido no Brasil, com 223.437 unidades comercializadas, número que inclui as versões com motores de 1.300 e 1.500 cm³.

O estilo do Brasília era moderno e atual.

1974 – NOVO VOLANTE

Em 1974, o Brasília ainda era uma novidade, por isso poucas modificações foram introduzidas. Externamente, o logotipo traseiro perdeu a sigla VW, ficando apenas o nome Brasília. Como já foi dito, este foi o ano em que todos os carros da Volkswagen ganharam o acelerador de duplo estágio, uma mola que só era acionada quando o motorista pisava mais fundo no acelerador. Em uma época em que a crise do petróleo já fazia parte do dia a dia dos brasileiros, qualquer economia de gasolina, mesmo que pequena, era bem-vinda.

Internamente, a única mudança foi o volante. Mais moderno, vinha com o botão da buzina central em plástico injetado e era comum a toda a linha 1974 (ver na página 40). O antigo havia equipado os carros da marca no Brasil desde 1959!

As vendas do Brasília dispararam em 1974, totalizando 82.894 unidades, e firmando-o como o segundo carro mais vendido do Brasil. Perdia somente para os Fuscas 1300 e 1500, dos quais foram comercializadas 210.211 unidades no total. O Brasília continuava na frente em sua briga direta com o Chevette e o Corcel, cujas vendas eram de, respectivamente, 74.891 e 81.297 unidades; nesta última conta, incluem-se 15.086 Belinas.

O sucesso de vendas do Brasília foi absoluto. Em 1974, comemorou-se a fabricação do carro nº 50.000.

1975 – PISCA-ALERTA

Em razão da nova resolução do Conselho Nacional de Trânsito, todos os carros novos de fabricação nacional deveriam vir obrigatoriamente equipados com pisca-alerta. Em caso de avaria mecânica ou de um pneu furado, era possível acender as luzes indicadoras de que havia algo de errado com o carro e avisar aos outros motoristas que havia um carro parado na pista. O leitor mais jovem deve estranhar o fato de que antes de 1975 os carros não possuíam esse dispositivo, já que atual-

A evolução dos modelos

mente o pisca-alerta é tão comum quanto a buzina, mas naqueles tempos ainda não havia essa preocupação com a segurança.

No Brasília, além de instalar o pisca-alerta, a fábrica mudou a cor da lanterna traseira, que antes tinha as extremidades na cor âmbar e agora era toda vermelha, exceto pela luz de ré, que continuava branca. Outra modificação na parte de trás foi uma nova grade que cobria o escapamento, mais larga, melhorando o visual, já que a anterior era muito fina e cobria apenas parte do silenciador.

Na parte mecânica, a única diferença foi a substituição dos incômodos filtros de ar a banho de óleo pelos filtros a seco com elemento de papel, o mesmo tipo que equipa todos os carros hoje em dia, muito mais práticos e fáceis de serem limpos e substituídos.

No interior do carro, uma mudança óbvia foi a inserção do botão do pisca-alerta. Mas também houve uma modificação importante que não falava aos olhos, e sim aos ouvidos: a melhora dos materiais fonoabsorventes da tampa do motor. O resultado foi mais silêncio para os ocupantes do carro, já que antes o ruído interno do motor incomodava, principalmente em viagens longas.

A partir do segundo semestre, a Volkswagen passou a oferecer a opção de equipar o Brasília com o motor de dupla carburação da marca Solex, de 32 mm.

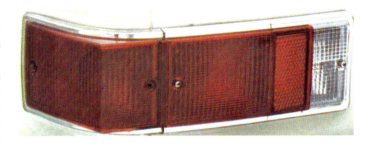

Novidades no Brasília 1975: lanternas traseiras na cor vermelha, grade de cobertura do escapamento mais larga e filtros de ar a seco.

Segundo a fábrica, esse motor consumia 10% menos gasolina na cidade e até 30% menos combustível na estrada. Outra vantagem era a potência, que aumentou para 54 cv. Não era o mesmo motor da Variant, na horizontal, pois não caberia no receptáculo. Quanto à economia de combustível, havia uma ressalva. Para consumir menos, os dois carburadores tinham de estar sempre bem ajustados e equalizados. Isso nem sempre era muito fácil de ser feito, por causa da baixa qualidade dos combustíveis no Brasil e das diferenças entre um tipo e outro, em es-

Motor do Brasília de dupla carburação: mais economia e potência.

pecial se o carro não fosse regulado por mecânicos treinados. Os dois carburadores, se mal regulados, deixavam a marcha lenta muito irregular e chegavam a fazer o motor consumir mais até do que o antigo.

Como a procura pelo motor de carburação dupla foi maior, o de um carburador deixou de ser oferecido a partir de 1976. Hoje, é muito raro encontrar um Brasília 1975 equipado com motor de um único carburador.

Durante o ano, a imprensa especializada noticiou a possibilidade de um projeto do Brasília equipado com o motor dianteiro do Passat. Esse projeto nunca saiu do papel, já que o plano da Volkswagen era o futuro lançamento de outro carro com motor dianteiro: o modelo que daria origem ao Gol em 1980.

As vendas do Brasília continuavam muito boas e aumentaram em relação ao ano anterior, passando para 111.903 unidades. Esse número manteve o Brasília na posição de segundo carro mais vendido do Brasil, atrás apenas do Fusca, com 205.799 unidades. Já do Corcel, foram vendidas 90.817 unidades, sendo 17.590 unidades da Belina, e do Chevette, 62.423 exemplares.

O Brasília foi exportado para alguns países africanos, como Nigéria, África do Sul e Argélia, mas em uma versão de quatro portas, que não era vendida no Brasil.

A evolução dos modelos

1976 – DUPLA CARBURAÇÃO

No Salão do Automóvel, em novembro de 1976, a Volkswagen expôs em seu estande um Brasília e uma perua Kombi, ambos equipados com motor a álcool. Eram estudos da empresa para os primeiros motores alimentados pelo combustível derivado da cana-de-açúcar. Em razão da crise do petróleo e da consequente escassez de gasolina no mercado, o álcool era a opção mais barata de combustível, com a vantagem de ser produzido no Brasil e ser menos poluente. Era a oportunidade de tornar o país menos dependente das importações para manter sua frota em movimento. Nos anos seguintes o motor a álcool seria gradativamente desenvolvido e aos poucos ganharia a confiança do consumidor. Não tardaria muito para que os carros a álcool fossem maioria nas vendas em relação aos carros movidos a gasolina.

Nesse mesmo Salão, uma grande novidade no mercado brasileiro foi apresentada, o maior concorrente do Brasília. Era o Fiat 147, primeiro carro da marca italiana fabricado no Brasil. O carro era menor que o Brasília (3.636 mm contra 4.013 mm), mas tinha bom espaço interno, já que apenas 20% do espaço total do carro era ocupado pelo motor e pelo câmbio; o restante destinava-se aos passageiros e à bagagem, fato amplamente explorado pela campanha publicitária no lançamento.

A explicação para a mecânica do Fiat 147 ocupar pouco espaço deve-se à po-

Brasília a álcool: início dos estudos com o combustível do futuro.

Novo concorrente do Brasília, o Fiat 147.

Em 1976, foi fabricado o Brasília nº 250.000.

sição do motor, que pela primeira vez no Brasil tinha sido colocada na transversal, e não na longitudinal, como era mais comum. Hoje, o projeto da maioria dos carros prevê essa disposição. O propulsor do Fiat era o 1.049-cm^3 de quatro cilindros, que desenvolvia 50 cv, potência boa o suficiente para levar o carro até 135 km/h – quase a velocidade máxima do Brasília com motor 1.6. Era um carro leve, ágil e estável, de vocação urbana, além de muito econômico, fazendo cerca de 17 km/l a 80 km/h, velocidade máxima permitida nas estradas em todo o Brasil naquela época, graças a uma medida adotada pelo governo federal como forma de conter o consumo de combustível.

As vendas do Brasília continuavam aumentando. Neste ano foram vendidos 133.013 veículos, número que não significava muita diferença em relação ao do campeão – o Fusca alcançou a marca de 200.577 unidades vendidas, a maioria com o motor 1300. Foram vendidos 77.183 Corcel, e 70.345 Chevettes. O Brasília continuava como o segundo carro mais vendido no Brasil e já podia ser considerado um fenômeno de mercado.

A evolução dos modelos

1977 – MAIS SEGURANÇA

Nesse ano, o Brasília sofreu algumas mudanças estéticas. Por fora, a única diferença visível era a substituição do emblema dianteiro da Volkswagen, que antes era metálico, por outro de plástico e um pouco maior. Os frisos que ladeavam o emblema, os chamados "bigodinhos", foram eliminados. Os mais atentos perceberiam a presença de um tubo largo, que saía do chassi e passava quase escondido por dentro do para-choque dianteiro, resultado do reforço do chassi feito pela marca. A partir deste ano, o comprador tinha a opção de escolher entre três cores metálicas: prata, verde-musgo e cobre.

Mas as maiores mudanças foram em relação à segurança, já que o Contran estabelecera medidas mais rígidas a partir de 1º de janeiro de 1977, deixando o Brasília, assim como todos os outros carros nacionais, bem mais seguro.

Mecanicamente, como já foi dito em relação à Variant, a coluna de direção passou a ser retrátil, o que aumentou a segurança do motorista em caso de colisão frontal. Nos modelos anteriores, o tipo de coluna era inteiriço, que poderia esmagar a caixa torácica do condutor ou até perfurá-la em caso de batidas mais fortes. Apesar de ser comum nos carros europeus e americanos da época, esse tipo de direção retrátil ainda era novidade no Brasil. O sistema era simples: a coluna era dividida em duas por uma cruzeta, que se rompia em caso de acidente, absorvendo o impacto. Vale lembrar que o uso do cinto de segurança não era obrigatório; na verdade, poucos motoristas ou passageiros o usavam.

O freio passou a ser de circuito duplo: em caso de avaria em um deles, o outro continuava funcionando, e o carro podia ser parado em segurança. Contudo, o sistema era menos eficiente do que no Passat, já que a configuração escolhida para o Brasília foi a de eixos separados, isto é, um circuito para as rodas dianteiras e outro para as traseiras. No caso de per-

O Brasília 1977 ganhou algumas melhorias na parte mecânica. Por fora, a única mudança foi no emblema dianteiro, que ficou maior, feito de plástico, e perdeu os dois frisos que o ladeavam.

O Brasília já era considerado um fenômeno de vendas.

Novo painel, revestido com material que imita madeira. O porta-luvas vinha com tampa.

da de freio nas rodas dianteiras – o freio mais importante –, o motorista se veria em apuros. No Passat, o funcionamento era cruzado, ou seja, a roda dianteira esquerda com a traseira direita e a roda dianteira direita com a traseira esquerda. Dessa forma, o freio sempre funcionaria em pelo menos uma das rodas dianteiras, mesmo que apenas um circuito hidráulico estivesse atuando.

Houve ainda outras modificações visando tornar o carro mais seguro. A fixação do tanque de gasolina, que era feita junto ao porta-malas dianteiro, foi modificada para evitar deslizamento em caso de colisão. A fixação do espelho retrovisor interno também mudou, passando a ser do tipo destacável em caso de choque, feita por meio de encaixe e mola. Numa batida, tanto o encaixe quanto o espelho se destacavam, deixando de ser um ponto de perigo para o motorista.

As maiores modificações do ano foram no interior, principalmente no painel de instrumentos. A parte inferior foi recoberta por plástico ABS preto; antes, era pintado na cor do carro. O quadro de instrumentos recebeu acabamento em papel adesivo que imitava madeira jacarandá. Os instrumentos ganharam nova apre-

A evolução dos modelos 73

sentação gráfica e aros pretos no lugar dos cromados, para evitar ofuscamento nos olhos do motorista. A alça de segurança que existia à direita, na frente do passageiro, foi eliminada, tornando o painel completamente liso; logo abaixo, o porta-luvas ganhou uma tampa.

Ainda com o intuito de aumentar a segurança, os botões do painel passaram a ser iluminados e se acendiam quando os faróis eram acionados. No caso do pisca-alerta, uma luz vermelha instalada no próprio botão piscava junto com as lanternas. O comando do limpador de para-brisa mudou de lugar – em vez de um botão no painel, passou a ser uma alavanca instalada na coluna de direção à direita, do lado oposto à alavanca do pisca-alerta e do lampejador e comutador de farol alto e baixo.

Os bancos foram redesenhados, ganhando uma faixa central, que podia ser de plástico listrado ou de material que se assemelhava ao veludo, mais luxuoso, com interior monocromático nas cores preta ou, uma novidade, bege. No interior do veículo, uma uniformização de cores – além dos bancos, outras partes eram coloridas pelas mesmas tonalidades, como teto, laterais, descansa-braço, para-sol, parte inferior do painel e volante.

Já a forração interna passou, opcionalmente, a ser acarpetada nas cores preta ou bege, deixando para trás os modestos tapetes de borracha. Naqueles tempos, bancos de veludo e carpete eram sinônimos de luxo, o que deu ao Brasília um ar mais sofisticado.

Suas vendas continuavam crescendo – dessa vez, 140.931 carros encontraram novos donos, reduzindo ainda mais a diferença em relação ao Fusca, cujas vendas somaram 156.862 unidades. Os rivais ficaram bem mais distantes – a General Motors vendeu apenas 65.964 Chevettes. O Corcel deixou de fazer parte da estatística, pois no final do ano foi substituído pelo Corcel II, de tamanho maior e que fazia concorrência direta com o Opala. O novo bicho-papão do mercado passou, então, a ser o Fiat 147, com 63.468 unidades comercializadas.

Mais luxo: a parte central dos bancos passou a ser confeccionada em veludo e o piso ganhou carpete.

1978 – PRIMEIRA REESTILIZAÇÃO

Este ano foi marcado pela primeira reestilização do Brasília. Externamente, as modificações se deram no capô dianteiro, que ganhou dois vincos paralelos em substituição ao antigo com um único vinco central, e nos para-choques, agora com uma lâmina de aço reta com ponteiras de plástico, conhecidas como polainas. Os novos para-choques eram mais fáceis de serem construídos e seu custo de produção era menor, pois demandavam ferramental mais simples. Contudo, sua conservação no dia a dia era mais difícil, pois a polaina podia ser arrancada com facilidade mesmo em pequenas batidas. A Volkswagen foi a primeira fabricante brasileira a utilizar as polainas em seus carros, recurso que nos anos seguintes se tornaria uma tendência. Acessório adotado pela maioria das fábricas, seu efeito era apenas estético, ao contrário do que se observava nos carros americanos. No Estados Unidos, o uso de para-choques retráteis era obrigatório por lei; então,

Em sua primeira reestilização, o Brasília ganhou capô com dois vincos e para-choques com polainas.

A evolução dos modelos

em caso de colisão, as polainas serviam para absorver impacto e permitir a ação dos amortecedores sob os para-choques, que deveriam suportar pequenos impactos com velocidade de até 8 km/h sem se deformar ou causar danos à estrutura do veículo.

Outra modificação externa ficou por conta das lanternas traseiras, que passaram a ser caneladas. Esse tipo de desenho tinha a função de não acumular sujeira nas lentes, o que poderia dificultar a visibilidade da iluminação. Era um recurso utilizado nos Mercedes-Benz da mesma época, para evitar o acúmulo de neve e de barro nas lanternas traseiras e mantê-las sempre visíveis em quaisquer condições climáticas. Por dentro a única modificação ficou por conta do novo volante de direção, redesenhado e com o botão de buzina mais largo.

No final do ano, na ocasião do XI Salão do Automóvel de São Paulo, a Volkswagen apresentou a versão quatro-portas do Brasília, com o intuito de testar a reação do público. O modelo já estava pronto e sendo vendido com exclusividade para exportação desde 1974. O lançamento para

Na traseira, a novidade foram as lanternas com desenho canelado.

A reestilização modernizou o Brasília.

Em 1978, a Volkswagen comemorou a fabricação do Brasília nº 750.000, um fenômeno de vendas.

o mercado interno estava previsto para o primeiro semestre de 1979.

Nos pontos de venda, o Brasília atingiu seu melhor ano, brigando mês a mês pela liderança de mercado com o Fusca. No final, o besouro ganhou por uma pequena margem: 160.792 contra 157.700 unidades. Os concorrentes ficaram bem para trás – foram vendidos 86.384 Chevettes e 90.538 Fiat 147.

1979 – LS, MAIS LUXO

Que o Brasília era um fenômeno de vendas não era mais novidade para ninguém. Parte desse sucesso se devia às suas linhas, ainda consideradas modernas para a época. Sua parte mecânica, por outro lado, estava um tanto desatualizada em relação à concorrência. Na tentativa de compensar essa deficiência e cativar ainda mais clientes, a Volkswagen decidiu lançar uma versão mais luxuosa, o Brasília LS, para atingir um público mais exigente.

As diferenças em relação ao Brasília normal não eram muitas. Externamente, as molduras plásticas dos faróis vinham pintadas em tom cinza-grafite, mesma cor das rodas. Os para-choques possuíam proteção de borracha em toda a extensão. Na lateral da carroceria, um friso de borracha estreito, colado bem no meio, também evitava danos nos estacionamentos por batidas de portas de outros carros. Na traseira, a única diferença era o emblema "Brasília LS" do lado direito, que identificava o modelo de luxo.

Na parte interna, as mudanças foram maiores. O modelo LS vinha todo acarpetado, inclusive no compartimento que cobria o motor. As laterais das portas ganharam novo desenho, e a parte inferior também era forrada com carpete. Os bancos eram altos, com apoio para a cabeça, e a parte central, forrada de tecido aveludado. O interior era monocromático em três opções de cores – preta, marrom e azul – no mesmo padrão utilizado no Passat. Já o volante de direção era feito de material corrugado, o que dava maior firmeza na condução do veículo mesmo se as mãos do motorista estivessem suadas.

A evolução dos modelos

O Brasília LS vinha com rodas na cor grafite.

Havia outras novidades no modelo LS: vidro traseiro térmico, que impedia embaçamento em dias chuvosos, e rádio AM/FM estéreo, já com dois alto-falantes instalados na traseira, um de cada lado.

Algumas críticas foram feitas em relação à falta de alguns acessórios, que caberiam bem numa versão de luxo, como retrovisor interno antiofuscante e esguichador de água do para-brisa. Para esguichar água, ainda era necessário usar uma incômoda bomba pneumática, acionada com o pé, que poderia ser substituída pela elétrica, presente no Passat. Outra falha estava no encosto do banco da frente não reclinável, que poderia ser o ajustável em três opções predefinidas, como no Fusca.

A mecânica tanto da versão LS como do Brasília comum ganhou pequenas mas importantes modificações. O filtro de ar dos carburadores e a turbina de refrigeração do motor passaram a ser de material plástico. Também ficaram maiores e sem a rede metálica que circundava os modelos anteriores, resultando em uma melhor

O Brasília LS vinha equipado com bancos altos, mas que não eram reclináveis.

Características do Brasília LS: rádio AM/FM, console central e tampa do bocal de combustível com chave.

filtragem do ar, o que ajudava a diminuir um pouco o consumo. Outra melhoria foi a redução do ruído interno, já que a nova turbina e a aspiração dos carburadores eram mais silenciosas. No sistema elétrico, adotou-se o alternador em lugar do antigo e instável gerador do tipo dínamo.

A imprensa especializada fez críticas à Volkswagen por não aplicar no Brasília as modernizações já realizadas na Variant II, como a suspensão dianteira tipo McPherson, com molas helicoidais, e braço arrastado na traseira. Afinal, o carro era um sucesso e merecia tais mudanças.

BRASÍLIA QUATRO-PORTAS

Outra novidade de 1979 foi o lançamento do Brasília quatro-portas para o mercado interno. Não era novidade na fábrica, já que a versão era fabricada e exportada para a Nigéria – com o nome de Igala –, a África do Sul, a Argélia, Portugal e até para o continente asiático, nas Filipinas. O Brasília também foi fabricado no México, mas apenas na versão duas portas e com pequenas diferenças, como as rodas, o volante de direção e o desenho e a padronagem dos bancos – iguais ao do Fusca mexicano.

O mercado brasileiro enfrentava uma verdadeira revolução das portas, dada à contínua mudança de foco do consumidor. Antes, a preferência era quase total por veículos de duas portas, enquanto os

No Brasília fabricado no México as rodas eram diferentes da versão brasileira.

de quatro portas destinavam-se principalmente a servirem como táxis. No mercado de usados, um modelo de quatro portas era mais desvalorizado. Havia o receio de que fosse um táxi descaracterizado para ser vendido no mercado comum com prejuízo ao comprador, que poderia adquirir um veículo com altíssima quilometragem camuflada. Isso vem de uma época em que diversos modelos maiores e de luxo eram utilizados na praça como táxi ou até lotação, fazendo inúmeras corridas por dia, numa utilização exaustiva.

Mas aos poucos o gosto do consumidor começou a mudar, reduzindo as vendas do modelo duas-portas, porque, apesar do aspecto mais esportivo, era menos cômodo para os passageiros do banco traseiro. Atentas ao mercado, as fábricas começaram a oferecer veículos de quatro portas em sua linha de produtos. Em 1978, o Chevette já era comercializado com essa versão, e um ano depois, foi a vez do Brasília, para não ficar atrás de seu principal concorrente.

A fabricação do Brasília quatro-portas não recebeu muito investimento por parte da Volkswagen: foi adiantada a coluna central (B), o que diminuiu em 140 mm o comprimento da porta da frente, que passou a ser de 935 mm; já a porta traseira ficou com 760 mm. Os para-choques eram apenas pintados de prata, e não cromados, e as maçanetas das portas eram as mesmas do Passat LSE, modelo que também tinha quatro portas.

Por algum motivo, a empresa decidiu preparar o novo modelo mais para agra-

Por dentro, o Brasília mexicano tinha os bancos e o volante diferentes do nacional.

dar o mercado taxista do que o público em geral, já que só poderia ser adquirido na versão básica, com acabamento muito simplório, cumprindo o objetivo de oferecer ao mercado um carro relativamente barato.

Os bancos e as laterais das portas eram revestidos de plástico, e o piso era coberto com tapetes de borracha, como na versão básica de duas portas. Havia o opcional revestimento de tecido na faixa central dos bancos, o que conferia um aspecto menos rústico. Os cintos de segurança eram simples e de apenas dois pontos, só na diagonal, sem a tira subabdominal. As portas traseiras vinham com travas no

A evolução dos modelos

batente, as quais poderiam ser acionadas para impedir que as portas fossem abertas por dentro, recurso muito útil ao transportar crianças no banco de trás.

Quanto à parte mecânica, houve um pequeno retrocesso, já que a Volkswagen optou por retomar a opção de motor com apenas um carburador. Ninguém entendeu o motivo dessa decisão, já que se tratava de um motor mais fraco, com 50 cv, e menos econômico. As explicações poderiam envolver o fato de ser um veículo mais apropriado aos profissionais da praça, já que os taxistas queixavam-se da dificuldade em manter os dois carburadores regulados, ou então unificar a produção com o modelo da versão de exportação.

O presidente da Volkswagen, Wolfgang Sauer, fotografado ao lado dos Brasílias, no pátio da fábrica.

Já começava a ser noticiado na imprensa que o lançamento do novo Fusca estava próximo, e os últimos testes estavam sendo realizados a toda prova. Futuramente, esse novo carro daria origem ao Gol, que continua sendo produzido até os dias de hoje. Mal esse lançamento foi noticiado e já começou a afetar a vida do Brasília, já que a Volkswagen focava toda a sua atenção no novo projeto, deixando o veterano dois-volumes em segundo plano. Isso explica porque a empresa não investia nele as mesmas melhorias mecânicas aplicadas na Variant II.

As vendas do Brasília continuavam muito boas. Em 1979, 150.597 carros foram comercializados – número quase igual ao de 1978 – e mais uma vez disputava acirradamente a liderança do mercado com o Fusca. Embora o Brasília tenha tomado a frente em alguns meses, no final o Fusca ganhou mais uma vez por uma pequena margem (158.552 exemplares). Já o Chevette e o Fiat 147 venderam, respectivamente, 71.023 e 61.280 unidades.

Novo Brasília quatro-portas: mais simples, destinada principalmente ao mercado de táxis.

1980 – NOVO PAINEL

À esquerda: o painel do Brasília 1980 com novos instrumentos, novas saídas de ar direcionáveis, acabamento imitando madeira na parte superior (modelo LS) e extintor de incêndio do lado do motorista. Ao centro: externamente, o Brasília1980 era praticamente o mesmo, exceto pela capa dos faróis que agora eram na cor grafite em todas as versões.

Em 1980, o Brasília recebeu algumas modificações significativas, em especial na parte interna. O extintor de incêndio migrou do lado direito para o lado esquerdo, mais ao alcance do motorista, mas ao mesmo tempo roubando um pouco do espaço para as pernas. Já os bancos dianteiros perderam o encosto alto com apoio de cabeça integrado, passando a ter apoio do tipo removível e regulável, item de série na versão LS e opcional nas demais.

Grandes mudanças ocorreram no desenho do novo painel de instrumentos, redesenhado e feito de plástico injetado – e muito parecido com o do Passat. Na parte superior, um acabamento de ponta a ponta de um material que imitava madeira (modelo LS). Os mostradores foram colocados em uma caixa de formato retangular, com dois grandes mostradores circulares e melhor visualização que os anteriores. O da esquerda continha o relógio a quartzo, com o esquema de marchas impresso no interior, e o da direita, o velocímetro com escala até 160 km/h e o hodômetro total e parcial, este com marcação em centenas de metros. Entre o par de mostradores havia outros dois, menores e de formato quadrado, com os indicadores no sentido vertical. O da esquerda era o marcador de combustível; o da direita, o vacuômetro, opcional em todas as versões.

A evolução dos modelos

Abaixo, havia duas fileiras de luzes-espia: a fileira superior mostrava os indicadores de pisca-alerta, pressão do óleo e luz alta dos faróis, e a fileira inferior, o do pisca-alerta, do alternador e do sistema de freios.

Abaixo do painel situavam-se três saídas de ar, uma em cada ponta e outra no centro, direcionáveis em todos os sentidos através de um botão central. No meio do painel, ficavam os comandos de ventilação, que era acionada por duas alavancas deslizantes: a superior controlava a velocidade do ventilador elétrico e a inferior controlava o fluxo para a frente ou para a base do para-brisa, funcionando como desembaçador. Como esperado, a parte mecânica não apresentou novidades; a única mudança se deu na aplicação de material fonoabsorvente de melhor qualidade, que deixava o Brasília mais silencioso que o modelo dos anos anteriores.

O mercado de carros movidos a álcool estava aquecido, e a Volkswagen acelerou o lançamento do Brasília com esse tipo de combustível, oferecido apenas com motor 1300 e dupla carburação, igual ao utilizado no Fusca. Essa escolha, contudo, foi impensada e errada, já que o modelo tinha funcionamento irregular, desempenho fraco e consumia muito combustível. No final, o Brasília a álcool foi um verdadeiro fracasso, com poucas unidades comercializadas.

Neste ano, um novo e importante concorrente surgiu: o Chevette Hatch da General Motors.

Novos bancos com encosto para cabeça reguláveis.

O GOL

O ano de 1980 também foi o do aguardado lançamento do Gol, que ainda era tratado pela imprensa como "Novo Fusca". De fato, o objetivo inicial do projeto era substituir o Fusca, mas a realidade foi diferente. O novo carro afetou muito mais o Brasília, e o Fusca continuou em produção até 1986, numa convivência quase pacífica com o novo carro. Já o Brasília teve vida curta após a novidade, como veremos a seguir.

O projeto do Gol foi inspirado na linha Volkswagen europeia, como o Polo e o Golf, desenhados com formas modernas e bonitas pelo famoso estilista automobilístico Giorgetto Giugiaro. O que mais chamava a atenção dos brasileiros era a traseira cortada ao estilo hatch, com a qual ainda não estávamos acostumados. Dizia-se, com toda a irreverência brasileira, que o Gol era "um carro sem bunda". Mas, com o tempo, os motoristas se acostumaram com esse estilo que acabou ditando moda, já que todas as fábricas queriam ter o próprio hatchback. A escolha do nome também foi acertada – no país do futebol, nada mais popular e mais desejado do que um Gol.

O Gol era equipado com o conhecido motor boxer 1300 do Fusca, só que instalado na dianteira, o que melhorava a refrigeração e a tornava mais direta. Em consequência, a Volkswagen pôde fazer algumas mudanças no motor. O radiador de óleo se tornou desnecessário e foi eliminado. Os dutos dos cabeçotes e as aletas de refrigeração dos cilindros sofreram mudanças. Além disso, o conjunto de cabeçotes, com válvula de admissão e escapamento formando um ângulo, permitiu melhorar um pouco a eficiência.

Na prática, foram eliminados do motor alguns itens que eram necessários para o resfriamento do mesmo motor quando instalado na traseira do Fusca. Assim, o motor pôde "respirar" melhor, ficando ainda mais leve, com 97 kg contra 111 kg do Fusca. Além disso, o antigo tinha um sistema de refrigeração forçada mais complexa, o que roubava parte da sua potência. Como tudo

Gol: nascido para ser o novo Fusca, acabou encurtando a vida do Brasília.

A evolução dos modelos

isso era desnecessário no Gol, o ganho foi de 4 cv em relação ao antigo motor, cuja potência máxima era de 38 cv. Mesmo assim, o desempenho era modesto – atingia a velocidade máxima de apenas 125 km/h e levava intermináveis 30 s para alcançar os 100 km/h. Era motivo de críticas por parte dos consumidores e da imprensa, obrigando a Volkswagen a rever seus conceitos. Já em 1981, passou a oferecer o motor boxer 1.6; e, logo depois, em 1985, o moderno motor refrigerado a água, igual ao Passat. Isso transformou o Gol 1.3 num mico comercial, já que depois da apresentação do 1.6 ninguém mais se interessava pelo anêmico 1.3.

O erro da Volkswagen em equipar o Gol com um motor tão fraco quase manchou sua imagem. O carro estava vendendo bem, em boa parte porque era lançamento, já que o consumidor brasileiro adora experimentar novidades no mercado automobilístico, mas a maioria dos compradores estava insatisfeita com o desempenho do carro. A agilidade da fábrica ao trocar o motor pelo 1.6 foi crucial, já que as vendas começavam a dar fortes sinais de queda, recuperando-se com rapidez após a insta-

O Gol inicialmente vinha equipado com motor de Fusca 1300, só que instalado na frente.

lação do motor mais forte. Nascia, assim, mais um novo fenômeno de vendas da empresa. O Gol não demoraria muito a se tornar líder de mercado no Brasil, posição que ocupa desde 1987 até os dias de hoje.

Como esperado, o Brasília sofreu forte queda nas vendas, algo em torno de 60%, contabilizando durante o ano 62.567 unidades. Em compensação, foram vendidos 46.733 exemplares do Gol, provavelmente para antigos compradores do Brasília; o novo carro só não vendeu mais por causa do fraco motor 1300.

1981 – NOVAS CORES

A Volkswagen acabou por focar todas as suas atenções no novo lançamento: o Gol, carro que causou comoção no mercado e muita correria às concessionárias. Dentro da fábrica Anchieta, a produção do Brasília diminuiu, cedendo espaço para

Para 1981, a única novidade externa eram as cores oferecidas. O carro da foto está equipado com calotas, um acessório da época.

o novo carro, fabricado também, e principalmente, em Taubaté. Segundo relato de antigos funcionários, sua fabricação só não foi encerrada porque o Gol fora lançado com um motor fraco. A marca percebeu a queda nas vendas e não queria perder o consumidor, que não abria mão do motor 1.6, presente apenas no Brasília durante o primeiro semestre de 1981.

Nesse ano, o Brasília sobrevivia no mercado quase da mesma forma que no ano anterior. Por fora, havia algumas cores novas – agora o consumidor tinha variações à sua escolha, sendo cinco metálicas. Por dentro, a única mudança foi a substituição do volante, que passou a ser o mesmo utilizado no Gol, com o botão da buzina quadrado e raios em V invertido. Outra melhoria foi, no modelo Standard, o mesmo tratamento acústico do Brasília LS, fazendo com que ambos ficassem mais silenciosos e mais confortáveis para os ocupantes.

Com a produção em declínio e o consumidor mais satisfeito com o motor 1.6 do Gol, seria natural que as vendas do Brasília sofressem forte queda, ao mesmo tempo em que as do Gol dispararavam com o novo motor. Houve algumas críticas da imprensa, e também de alguns funcionários da empresa, ao fato de a Volkswagen ter quase abandonado o Brasília, dando total atenção ao seu filho mais novo. Muitos acreditavam que

Internamente a única novidade foi o novo volante, igual ao do Gol.

o Brasília ainda poderia reagir nas vendas com uma boa campanha promocional e algumas melhorias no carro, já que ele fora planejado para as condições de ruas e estradas brasileiras e sempre vendera bem. Neste ano, o Brasília praticamente não recebeu publicidade, seja na mídia impressa, seja na mídia televisiva.

As vendas do Brasília caíram drasticamente durante o ano, e apenas 18.499 unidades foram vendidas. O curioso era que o consumidor não rejeitava o carro; pelo contrário, o automóvel era muito apreciado por ser robusto e preparado para as condições do país. Então, como explicar uma queda tão brusca? É possível dar algumas explicações. Uma delas seria a de que a própria Volkswagen priorizou o Gol em sua linha de montagem e criou uma escassez do Brasília nas revendas. Como se sabe, poucos são os compradores completamente fiéis a um modelo. Se

A evolução dos modelos

o consumidor fosse a uma concessionária para comprar um Brasília, mas não o encontrasse, acabaria comprando um Gol ou um carro da concorrência na mesma faixa de preço.

Outra explicação era a onda de boatos que davam conta de que o carro sairia de linha em breve. A história recente mostrava que, antes mesmo de a produção ser descontinuada de fato, os carros que estavam fadados a sair de linha eram recusados pelos consumidores, mesmo que se tratasse de um ótimo produto. Ninguém queria um carro com cheiro de novo, mas com menor valor de revenda por ser um fora de linha.

1982 – O FIM

As vendas do Brasília nos primeiros meses de 1982 foram insignificantes – em janeiro, foram comercializadas apenas 695 unidades; em fevereiro, 563. A Volkswagen não confirmava o fim da produção, mas, no mercado em geral, encontrar um Brasília novo era algo cada vez mais raro. Ele também não aparecia mais nos catálogos de venda enviados mensalmente às concessionárias.

O fato é que a morte do Brasília já tinha sido decretada em 1980, com o nascimento do Gol. A Volkswagen precisava colocar no mercado um veículo mais versátil, com mais força para combater os novos carros que a concorrência vinha anunciando. O Gol tinha a vantagem de pertencer a uma família da qual faziam parte o Voyage (três-volumes), a perua Parati e veículos comerciais como o Gol furgão e a picape Saveiro. Também podia contar com maior variedade de motores, já que o Voyage usava o refrigerado a água, igual ao do Passat, o mesmo que equiparia o próprio Gol num futuro próximo.

Além disso, o processo produtivo do Gol era mais rápido e barato, e sua construção era mais simples, já que não usava chassis.

O Brasília era um carro único que mudou pouco nos nove anos (1973-82) em que esteve no mercado, e pouco podia

Os últimos Brasílias fabricados: o carro deixou saudade.

ser feito em sua parte mecânica sem que se despendessem grandes investimentos. Por isso, no mês de março de 1982, o último Brasília saía da linha de montagem, o que deixou muitos consumidores tristes e até certo ponto indignados, já que a opção mais lógica seria tirar o Fusca do catálogo, este sim um carro mais antigo e ultrapassado.

No mercado brasileiro, a Volkswagen foi a fábrica que criou mais produtos, mas, em contrapartida, também foi a que

O Brasília parou de ser fabricado em março de 1982.

A evolução dos modelos

mais os condenou. Em 1966, comprou a Vemag e tirou de cena os populares DKW Belcar e a perua Vemaguet no ano seguinte. Em 1979, comprou a Chrysler do Brasil e descontinuou seus carros, ou seja, adeus aos potentes Dodge Dart e aos eficientes Dodge Polaras. Em sua própria casa, já eram muitos os carros fora de linha: SP2, Karmann-Ghia, Karmann-Ghia TC, Zé do Caixão, Variant e Variant II.

Assim termina a história do Brasília, um grande sucesso de vendas durante quase uma década de produção, que se aposentou jovem, embora ainda fosse um carro querido no mercado. O total de carros vendidos foi impressionante: 947.099 unidades. Mas a produção total foi de mais de 1 milhão de unidades, já que a versão quatro-portas foi exportada durante alguns anos para países africanos – foram 117.000 unidades, incluindo 72.000 fabricadas no México. Significativos, esses números colocam o Brasília no seleto grupo de carros com mais de 1 milhão de unidades produzidas no Brasil – nesse grupo estava apenas o Volkswagen Fusca, e o Opala entraria futuramente.

CAPÍTULO 4

NAS PISTAS

COM INGO NA DIVISÃO 3

Inicialmente, o Brasília não foi projetado para andar nas pistas. A história da indústria automobilística brasileira, porém, está repleta de carros de rua projetados com o intuito de levar a família para passear e viajar e que, quando iam para as pistas, revelavam seu lado mais feroz e esportivo. Os leitores mais velhos hão de se lembrar de alguns exemplos da década de 1960, como o DKW Belcar, o FNM JK e o Simca Chambord, e de 1970, como o Opala.

A primeira aparição de sucesso do Brasília em corridas foi nas mãos de Ingo Hoffmann, o "Alemão", um dos melhores pilotos brasileiros de todos os tempos, que fez uma brilhante carreira no Brasil com a Stock Car. Foram incríveis trinta temporadas, de 1979 até 2008, contabilizando doze títulos, 76 vitórias e 61 poles, além do recorde de seis títulos consecutivos.

Antes, Ingo teve passagens vitoriosas pela Europa em 1975, na Fórmula 3, e em 1976, na Fórmula 2. Nesse mesmo ano, o piloto ainda fez uma rápida apari-

Ingo Hoffmann, o "Alemão", um dos maiores pilotos da história automobilística brasileira.

ção na Fórmula 1, competindo pela Copersucar, equipe brasileira fundada pelos irmãos Emerson e Wilson Fittipaldi em 1975. Segundo alguns analistas da Fórmula 1, Ingo Hoffmann era talentoso o suficiente para ter feito uma grande carreira na categoria. Ocorre que, em 1977, a equipe Copersucar ainda estava se adaptando à competitiva categoria e sofria enorme pressão da torcida e da imprensa em geral por resultados. Ingo foi contratado como segundo piloto; Emerson Fittipaldi era o primeiro e logicamente recebia maior atenção da equipe. Além de menos apoio, Ingo não tinha experiência na categoria. Essa conjunção de fatores culminou em uma meteórica passagem pela Fórmula 1.

Que Ingo Hoffmann é um excelente piloto e fez história na Stock Car não é novidade para ninguém. O que nem todos sabem é que sua carreira no automobilismo começou a bordo de um Volkswagen: sua estreia nas pistas ocorreu em 1972, quando Ingo tinha 19 anos, a bordo de um Fusca 1500 totalmente original.

Naquela época, já existia uma categoria mais veloz e competitiva, que corria dentro do regulamento do Turismo Especial Brasileiro, chamada Divisão 3, segundo determinado pela Confederação Brasileira de Automobilismo (CBA). Essa categoria tinha três classes de cilindrada: A, até 1.600 cm³; B, de 1.600 cm³ até 2.999 cm³; e C, acima de 3.000 cm³. O regulamento era bastante flexível no que dizia respeito à preparação dos carros. Por exemplo, era possível usar rodas mais largas e pneus de competição sem sulco (slicks). Nesse caso, era preciso alargar os para-lamas para que eles cobrissem completamente as rodas quando o veículo era visto de cima. Era uma determinação do regulamento geral que deixava os carros

Em 1973, Ingo Hoffmann ganhou o título paulista e o brasileiro da Divisão 3 com um Fusca patrocinado pela Creditum.

com um visual bonito e ousado. Era permitido também o uso de gasolina de aviação, a Avgas 100/130, de octanagem superior à melhor gasolina da época, a chamada gasolina azul. Vale lembrar que ainda não existia o álcool combustível como o conhecemos hoje, com distribuição comercial em todos os postos.

Em 1973, Ingo correu de Fusca 1600 na Divisão 3, sagrando-se campeão paulista e brasileiro e se tornando o mais novo fenômeno das pistas. O Brasil era considerado um grande celeiro de pilotos que conquistavam o mundo, a exemplo de Emerson Fittipaldi, e Ingo seguiu pelo mesmo caminho.

E SE?

Nessa época, no começo dos anos 1970, praticamente todos os carros da Classe A, de até 1.600 cm³, eram Fuscas; raramente aparecia um Chevette ou um Corcel, mas não obtinham muito sucesso. Não obstante, Giba, o preparador do carro de Ingo e feliz proprietário do recém-lançado Brasília, perguntava-se como seria o desempenho do carro nas pistas. Como a cilindrada do Brasília era de 1.584 cm³, ele poderia se encaixar perfeitamente na mesma categoria dos Fuscas, mas era preciso fazer alguns testes.

Ainda não existia a telemetria, computador era objeto de ficção científica, e a fórmula matemática para calcular a eficiência aerodinâmica de um carro era muito complexa. Todo o preparo do carro era feito de forma quase artesanal, mas mesmo assim os resultados obtidos eram brilhantes. Tanto o piloto como o preparador faziam as modificações na raça, e os efeitos eram comprovados diretamente na pista. Eram tempos pioneiros, durante os quais o fator humano fazia toda a diferença.

Como saber, então, se a aerodinâmica do Brasília era melhor que a do Fusca? A melhor maneira que Giba encontrou foi levar o próprio carro para a Marginal Tietê, uma das mais longas e movimentadas vias paulistanas. A metodologia escolhida foi a seguinte: ao atingir certa velocidade, Giba soltou o Brasília em ponto morto até sua total parada; depois, fez o mesmo com um Fusca. O que se observou nessa experiência "científica" foi que o Brasília demorava mais para parar. Ou seja, ao se deslocar, o Brasília sofria menos resistência do ar. Conclusão: tinha mais aerodinâmica. Estava decidido! Ingo correria com um Brasília em 1974.

Depois da compra do carro, veio a fase de preparação. A única restrição era manter a cilindrada original, para não correr o risco de passar para a categoria B e ter de competir com carros de maior potência. Fora isso, o carro foi totalmente modificado.

Tudo o que era supérfluo foi retirado, reduzindo consideravelmente o peso do automóvel, e a suspensão ganhou amortecedores especiais. A fixação do motor foi modificada para que o carro pudesse ser bastante rebaixado. O câmbio era um Hewland de cinco marchas, o mesmo usado na Fórmula 3, cuja vantagem era a possibilidade de um escalonamento de marchas diferente de acordo com as características de cada pista. O curioso era que esse câmbio era instalado atrás do motor no Fórmula 3, mas no Brasília era na frente. Como consequência, as marchas eram invertidas: a primeira marcha ficava no lugar da quinta, a segunda no lugar da quarta e vice-versa, o que exigia do piloto atenção redobrada.

Quanto à preparação do motor, Giba mantinha o segredo bem guardado. O que se sabe é que o propulsor ganhou comando de válvulas roletadas e dupla carburação Weber 48 IDA de fluxo vertical e corpo duplo. A potência era um mistério, mas muitos acreditavam que ultrapassasse os 120 cv, mais que o dobro da potência original.

Os primeiros testes com o carro na pista foram animadores. Segundo Ingo, o carro se comportava muito bem nas curvas, freava com eficiência e a velocidade passava de 200 km/h. A cor predominante da carroceria era o azul Caiçara, original da Volkswagen, e o patrocinador era a sociedade de crédito Creditum, que obteve sua cota de visibilidade na imprensa ao firmar parceria com o bem-sucedido piloto.

A CONSAGRAÇÃO

A estreia no campeonato da Divisão 3 ocorreu no dia 7 de abril de 1974, no autódromo de Interlagos, em São Paulo. Era o único Brasília da categoria e chamou muito a atenção de todos. O carro teve problemas durante a classificação e foi obrigado a largar em último, aumentando a curiosidade dos pilotos dos Fuscas concorrentes de como seria a performance daquela "quase" perua na pista.

No decorrer da prova, ficou nítida a superioridade do Brasília, resultado de uma combinação de talentos: as habilidades do piloto Ingo, o bom preparo reali-

O famoso Brasília com o qual Ingo Hoffmann sagrou-se campeão da Divisão 3, em 1974.

zado por Giba e a aerodinâmica do carro, muito melhor que a dos Fuscas competidores. Mesmo largando bem atrás no grid, Ingo conseguiu a façanha de ultrapassar todo mundo, um a um. Na última volta, ultrapassou também o líder Alfredo Guaraná com o Fusca 1600. A caminho da vitória, o carro derrapou em uma mancha de óleo na curva 3 e bateu no guardrail. Era o fim da prova para o Brasília.

Mesmo sem ter vencido, Ingo quebrou o recorde de pista da categoria, baixando o tempo em mais de 3 s. A atuação do piloto mostrou que o Brasília era um grande postulante ao título e ajudou Ingo a conquistar uma legião de fãs e grande notoriedade na imprensa.

Durante o ano, uma das cenas mais recorrentes no campeonato mostrava o esforço dos concorrentes para repro-

Nas pistas

duzir o desempenho de Ingo e alcançar resultados como os obtidos pelo Brasília, o que ocorreu em poucas ocasiões; na maioria das vezes o carro de Ingo era simplesmente superior. Não era raro o público testemunhar as ultrapassagens e as vitórias conquistadas em cima de carros da categoria B, que possuíam maior cilindrada. A torcida delirava quando via o pequeno Brasília disputar com carros maiores, como o Maverick e o Opala, e muitas vezes ganhar deles.

No fim do ano, Ingo e seu Brasília sagraram-se campeões paulistas e brasileiros de 1974. Ao término da temporada, o carro foi vendido para que Ingo pudesse arrecadar dinheiro e seguir carreira na Inglaterra, na Fórmula 3. O carro ainda participou de outras provas, mas sem grande sucesso, e pintado com outra cor. Seu fim foi um acidente em Interlagos em 1976, mas sua história de sucesso já estava escrita e guardada para sempre na memória de quem assistiu de perto sua vitoriosa trajetória nas pistas.

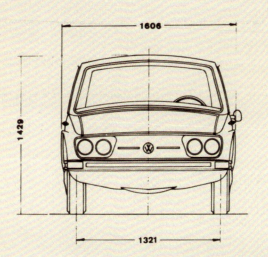
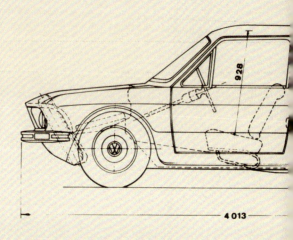
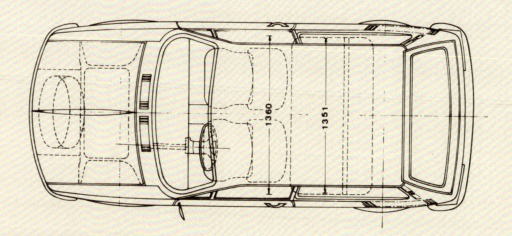

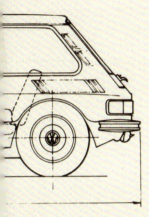

CAPÍTULO 5

DADOS TÉCNICOS

FICHA TÉCNICA

MOTOR

Tipo: quatro cilindros opostos dois a dois, instalado na traseira
Diâmetro: 85,5 mm
Curso do pistão: 69,0 mm
Cilindrada total: 1.584 cm³
Taxa de compressão: 7,2:1
Número de mancais: 3
Comando de válvulas: único, central, movido por engrenagens
Potência máxima: 60 cv SAE a 4.600 rpm
Torque máximo: 12,0 mkgf SAE a 2.600 rpm
Lubrificação: sob pressão, com bomba de engrenagens
Sistema de alimentação: por bomba de gasolina tipo mecânica, um carburador de fluxo descendente e corpo simples Solex H 30 PIC; afogador manual; filtro de ar a óleo
Arrefecimento: a ar forçado
Sistema elétrico: bateria, 12 V e 25 Ah, distribuidor de ignição com avanço automático, a vácuo e centrífugo
Ordem de ignição: 1-4-3-2
Folga do platinado: 0,4 mm
Folga de velas: de 0,6 a 0,8 mm

EMBREAGEM

Tipo monodisco a seco

TRANSMISSÃO

Nas rodas traseiras
Câmbio manual de quatro marchas sincronizadas à frente e uma a ré

Dados técnicos

Relações das marchas: 1ª) 3,80:1; 2ª) 2,06:1; 3ª) 1,32:1; 4ª) 0,89:1; ré 3,88:1
Relação do diferencial: 4,12:1

SUSPENSÃO

Dianteira: independente, braços arrastados superpostos, feixes de lâminas de torção, amortecedores hidráulicos e barra estabilizadora
Traseira: independente, semieixos oscilantes, barras de torção, amortecedores hidráulicos e barra compensadora

DIREÇÃO

Tipo setor e rosca sem fim, com roletes no eixo do setor e amortecedor hidráulico
Diâmetro mínimo de curva: 11 m

RODAS E PNEUS

Rodas: aço estampado, 4 J x 14 H
Pneus: 5,90-14

FREIOS

De serviço: hidráulico, nas quatro rodas, de circuito único
Dianteiro: a disco
Traseiro: a tambor
De estacionamento: mecânico, com ação sobre as rodas traseiras

CAPACIDADE DOS RESERVATÓRIOS

Gasolina: 41 litros
Óleo do motor: 2,5 litros
Transmissão: 2,5 litros

DIMENSÕES

Distância entre eixos: 2.400 mm
Bitola dianteira: 1.327 mm
Bitola traseira: 1.361 mm
Comprimento total: 4.013 mm
Largura: 1.606 mm
Altura: 1.429 mm
Distância mínima do solo (com carga máxima): 149 mm
Peso em ordem de marcha: 890 kg
Capacidade do porta-malas: 135 litros
Porta-malas traseiro: 107 litros, com encosto levantado, e 369 litros, com encosto abaixado (no nível inferior do vidro), e 237 e 970 litros, nesta ordem, até o teto

FONTES DE CONSULTA

LIVROS

LATINI, Sydney A. *A implantação da indústria automobilística no Brasil – Da substituição de importações ativa à globalização passiva*. São Paulo: Editora Alaúde, 2007.
ROBSON, Graham; Auto Editors of Consumer Guide. *Volkswagen Chronicle*. Publications International Ltd, 1996.

REVISTAS

Autoesporte. São Paulo: FC Editora.
Mecânica Popular. São Paulo: FC Editora.
Motor 3. São Paulo: Editora Três.
Quatro Rodas. São Paulo: Editora Abril.

CRÉDITO DAS IMAGENS

Abreviações: a = acima; b = embaixo; c = no centro; d = à direita; e = à esquerda.
Na falta de especificações, todas as fotos da página vieram da mesma fonte.

Páginas 6, 7, 8, 9, 10, 11, 15, 16, 17, 18, 19, 23, 24, 25, 28, 33b, 36e, 51b, 52, 53, 54-55, 56, 57, 59, 62-63, 64, 66b, 67, 68, 74, 78, 83a, 91: Arquivo do autor
Páginas 12, 13, 20, 21, 26, 27, 29b, 30a, 31, 32, 33a, 34-35, 36d, 37, 41a, 48, 69, 70-71, 72, 73, 75, 76-77, 84, 85, 88-89, 90, 92, 94: Rogério de Simone
Páginas 29a, 30b, 38, 39, 40, 41b, 42, 43, 44, 45, 46, 47, 58, 60, 61, 65, 66a, 79, 80, 81, 82, 86, 87, 104: Propaganda de época
Páginas 50, 51a, 96, 97, 100: Revista *Quatro Rodas*

AGRADECIMENTOS

O autor gostaria de agradecer às pessoas listadas abaixo, que foram muito importantes para a realização deste livro:

Paulo Soldano (in memoriam), Pedro Gardesani Neto, Walter Luis Beringhs, Julian Beringhs, Paulo Rogerio Cabello, Orlando Watanabe, José Luiz Vieira, Ernesto Nazário Di Puccio Pagano, José Carlos de Castro, Ingo Hoffmann, Danilo Alves de Oliveira, Mauricio Fontanetti e Luiz Ernani Finotti.

Fica aqui também um agradecimento especial ao querido Fabio Steimbruch, um dos maiores colecionadores de carros do Brasil. Falecido em 2 de dezembro de 2012, deixou um grande legado, salvando dezenas de veículos que estavam fadados a terminar como sucata. Fabio se foi, deixando muitas saudades. Ficaram seus carros e uma lição de vida maravilhosa de uma pessoa amiga e generosa.

Conheça os outros títulos da série:

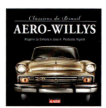 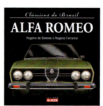 

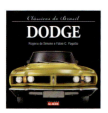   

 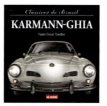 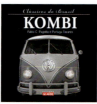 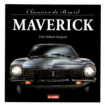

  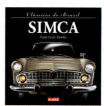